高管理论丛

知识型

企业员工跨项目学习的
影响因素及治理策略

赵大丽　著

中国财经出版传媒集团

经济科学出版社

Economic Science Press

图书在版编目（CIP）数据

知识型企业员工跨项目学习的影响因素及治理策略 /
赵大丽著. —北京：经济科学出版社，2020. 12
（工商管理论丛）
ISBN 978 – 7 – 5218 – 2180 – 2

Ⅰ.①知…　Ⅱ.①赵…　Ⅲ.①知识型企业 – 职工 – 学
习能力 – 研究　Ⅳ.①F276

中国版本图书馆 CIP 数据核字（2020）第 248117 号

责任编辑：侯晓霞
责任校对：郑淑艳　孙　晨
责任印制：范　艳　张佳裕

知识型企业员工跨项目学习的影响因素及治理策略
赵大丽　著
经济科学出版社出版、发行　新华书店经销
社址：北京市海淀区阜成路甲 28 号　邮编：100142
教材分社电话：010 – 88191355　发行部电话：010 – 88191522
网址：www. esp. com. cn
电子邮箱：esp@ esp. com. cn
天猫网店：经济科学出版社旗舰店
网址：http：//jjkxcbs. tmall. com
北京密兴印刷有限公司印装
710 × 1000　16 开　15. 25 印张　200000 字
2021 年 3 月第 1 版　2021 年 3 月第 1 次印刷
ISBN 978 – 7 – 5218 – 2180 – 2　定价：58. 00 元

前　言

　　当前市场环境动态多变、竞争激烈，越来越多的企业采用项目的形式完成组织业务。那么，在项目型企业，如何通过项目解决短期项目绩效目标与组织长期发展目标之间的冲突，也成为项目型组织面临的重要问题。知识是生产力第一关键要素，对组织已有项目积累的知识进行有效转移和再用的跨项目学习活动，为项目型企业解决这一问题提供了重要途径。从短期看，企业员工的跨项目学习行为能够通过促进知识的高效再用、减少相似问题重复犯错次数等途径，帮助企业提高项目工作效率和成功率。从长远发展看，企业员工的跨项目学习行为有助于企业避免知识流失，促进企业知识积累，还能使企业具备比其他竞争者学习得更快的能力，因而被看成是企业增强组织动态能力和市场竞争优势的关键。对于以知识为第一生产要素，生存和发展依赖于员工知识以及员工不断学习和创造新知识、新技术能力的知识型企业，跨项目学习更具有实践需求，对企业管理者更具有吸引力。

　　然而，知识型企业开展跨项目学习活动面临着各种问题和挑战。例如，企业知识库存储的以往项目积累的知识杂乱、零散、过时等，员工重视业务不重视项目知识的总结、积累，员工倾向于自己探索项目问题解决方案而不愿意从其他项目学习所需知识等。加上互联网尤其是移动互联网加速推动知识的传播、扩散和分享，企业员工在遇到困难和问题时，往往会从外部获取相关知识，以提高工作效率。也就是说，知识型企业作为知识经济时代的一种重要企业类型，其内部跨项目学习活动的持续开展受到各种内外部因素的影响。因此，有必要探索知识型企业员工进行跨项目学习的内外部影响因素及其作用机制，揭示此学习活动持续开展的驱动力，并研究相应的组织知识治理机制。

本书基于组织学习理论、知识管理理论、期望确认理论、社会认知理论等理论基础以及组织学习、跨项目学习、知识转移与再用的影响因素及知识治理策略等相关研究，采用文献研究、定性分析、案例研究、定量实证研究等多种方法，对知识型企业员工跨项目学习的影响因素及治理策略展开深入的研究和探讨。本书在定性分析了企业跨项目学习的内涵之后，采用案例研究方法，从知识、主体、知识转移与学习方式、项目任务情境、项目组织情境五大方面，较为全面地分析了知识型企业员工跨项目学习的影响因素。鉴于参与主体认知因素的重要性，本书进而关注知识型企业员工持续跨项目学习意愿，基于期望确认理论，采用定量实证研究方法，分析了知识型企业员工持续跨项目学习意愿的内外部影响因素，包括感知内部知识有用性、感知内部知识易获得性和感知知识增长程度三个知识变量、期望确认度、跨项目学习满意度和外部知识有用性。本书进一步研究了知识型企业员工跨项目学习的知识治理策略，基于社会认知理论，采用案例分析方法，探讨了项目组织知识治理策略对员工跨项目学习行为和效果的直接和间接影响关系。在梳理和总结了本书的研究结论后，我们提炼出本书研究的理论研究意义，相应地提出知识型企业开展跨项目学习和项目知识管理实践的相关管理策略与建议，并指出了值得今后进一步探索的相关研究问题。

本书的研究内容具有重要的理论和实践意义。在当代快速发展的知识经济时代，企业之间的竞争日益激烈，企业竞争的关键在于人才竞争，人才的本质在于其掌握的核心知识，因而企业竞争实际上就是基于企业核心知识的竞争。本书对知识型企业员工跨项目学习的影响因素和知识治理策略的研究，正好与这一实践背景相吻合。本书研究结果有助于增强知识型企业管理者对组织内部开展跨项目学习活动重要性的认识，理清员工参与跨项目学习的相关影响因素，并通过引导、管理这些因素，为企业员工跨项目学习和项目业务开展提供合适的知识治理策略和组织支持，以提高项目成功率、提升组织效益和促进组织能力成长。因此，本书研究成果可为知识型企业改进跨项目学习和项目知识管理成效提供实践启示。同时，本书丰富和深化了企业跨项目学习和项目知识管理的理论研究成果，并拓展了期望确认理论、社会认知理论等在跨项目学习议题上的应用，因而具有一定的理论价值。

　　本书选题及研究内容来源于基金项目的支持，分别是：国家自然科学基金项目（企业双元性跨项目学习的前因及影响效应：基于结构化理论，71502003），科技创新服务能力建设—科研水平提高定额—高技术企业发展研究中心（科研类）项目，以及北方工业大学毓优人才支持计划项目（知识网络视角的知识协同创新研究，19XN135/015）。

　　本书能够付诸出版，得到了多方的指导和支持。感谢国家自然科学基金委和北方工业大学对本书撰写与出版的资助。感谢吴永林教授、陶晓波教授等对本书撰写与出版的指导和帮助。感谢参与课题研究的研究生江媛、薛莲，为本书的完成做出贡献。感谢父母和家人给予我关心和支持，给予我不断前进的动力，使书稿撰写工作得以完成。感谢其他给我提供帮助和支持的领导、同事和朋友们。最后，本书难免存在一些不足有待进一步完善，恳请各位读者和同行指正。

赵大丽

2020 年 10 月

目　录

第一章 绪 论

第一节 研究背景

在知识经济时代，知识作为一种关键资源，对促进企业发展发挥着至关重要的作用。它能够促进企业不断创新和发展，不断提升企业的市场竞争优势。相应地，企业之间的竞争逐渐演变为关于知识资源和技术人才的竞争。知识流动和扩散时刻在不同创新主体和创新行为中发生并相互作用着，同时也能有效地提高创新绩效（李正风，1999）。阿里巴巴、腾讯等知识密集型企业都设置了知识管理岗位，期望通过知识流动与分享带动员工知识层面的提升，进而提高企业创新绩效。实际上，知识作为一种关键的无形资源，其价值只有通过在不同创新主体之间流动、分享和创造才能被实现和放大。反过来，这一流动继续产生新的知识和技术。因此，重视知识并充分利用内部已有知识，已成为企业谋求市场效率和竞争优势的一种关键途径。

当前市场环境动态多变、竞争激烈，越来越多的企业采用项目形式完成组织的业务。那么，在项目型企业，如何通过项目解决短期项目绩效目标与组织长期发展目标之间的冲突，也成为项目型组织面临的一个重要问题（Todorović et al.，2015）。从知识已成为生产力第一关键要素的时代背景看，如何有效地用已有知识提高组织的运作效率，以解决前述问题，已日益引起业界实践者的关注。而且，理论研究者和企业实践者的关注焦点正在逐渐发生变化，原来主要关注如何在单个项目内部整合和利用有用知识以提高项目实施效率，现在慢慢转向关注如何依托多个项目、重新整合和再用不同项目产生的有用知识和经验以提高项目实施效率。于是，对于承担着一系列性质相同或相近的项目的企业，如何从一个项目获取有用知识并加以学习和再用到另一个项目，即如何开展跨项目学习，此研究话题已经浮现，并引起学者们的关注。

跨项目学习有助于企业避免知识流失，促进企业知识积累。实现有效率的知识转移与再用，有助于企业扩大知识积累、提高解决新问题的能力，进而获得竞争优势（Grant，1996）。同时，跨项目学习是企业实现知识积累与再用的一种重要途径。较早的研究显示，有50%的企业因失去关键员工而在某些领域明显退步，43%的企业因失去关键员工造成客户或供应商关系受损，还有13%的企业因单个员工的离职而损失收入（Alavi and Leidner，2001）。也就是说，在一个项目型企业，既往项目团队人员的遗失、经验的遗忘，往往会给企业造成巨大的损失。然而，跨项目学习可以有效减少这些不必要的损失。通过项目间的知识积累、学习与再用，企业能够留住以往项目的实施经验（Hansen，1999）。

跨项目学习能够通过促进知识的高效再用、帮助员工减少重复犯错次数等途径，对企业提高项目工作效率和成功率产生重要的促进作用。有经验的人在接收和处理新信息时，会根据他们过去的经验

快捷地整合和创造出新知识（Davenport and Prusak，1998）。比如，
一个掌握丰富的实施技术经验和管理经验的项目经理，在执行新项
目时能够依赖过去经验确保项目按计划进行和满足预算、功能和质
量目标，因此，项目经理经验知识的分享与再用被证实是提高 IT 项
目成功率的一个关键因素（Petter and Vaishnavi，2008）。有研究证
实，在组织内部进行跨项目学习是企业提高项目绩效的重要渠道
（Scarbrough et al.，2004），通过知识的跨项目转移、分享与再用，企
业可以提高工作的效率、加速项目实施进程，从而显著地提升项目实
施能力和提高项目绩效（Hansen，1999；Landaeta，2008）。由于跨
项目学习为项目实施团队提供了快速而有效地获取所需要知识的渠
道，使团队能够灵活应对新任务和新问题，因而对于企业管理者尤其
具有吸引力（Prusak，1997）。

在项目型企业，虽然一个项目的任务和创新性不同于另一个项
目，但随着时间推移，跨项目学习必然会促进项目管理实践和提升项
目实施效果；而如果组织内部未有效地进行跨项目学习，一个项目的
实施团队就容易重犯其他项目的错误，因而难以取得成功（Antoni，
2000）。而当内部学习成为组织取得竞争优势的唯一来源时，重犯错
误的代价是昂贵的（Senge，1993）。有实证研究结果显示，知识的跨
项目转移与学习有助于企业及时地获取所需要的项目实施经验和知
识模板，避免重复创造知识和资源浪费，避免重蹈过往项目发生过的
错误，有利于提高项目实施效率和降低实施成本，进而提高项目成功
率（Newell et al.，2006）。因此，跨项目学习有助于企业高效地解决
项目问题，应对知识经济时代激烈的市场竞争，进而提升企业经济
价值。

由于一个项目型组织在某一段时间内往往会同时或先后实施多

个同类或不同类的项目，从长远发展看，在组织内部进行知识的跨项目转移与学习更有利于组织知识和能力的积累，进而促进组织发展与创新。根据企业成长理论，一个企业的成长既有内生动力，也有外生动力。在内生动力上，彭罗斯（Penrose，1959）认为，将公司日益惯例化的知识释放并再用于其他活动，是公司生存和成长的主要原因。跨项目学习是使公司日益惯例化知识得到释放和再用的一个重要途径。它能使企业具备比其他竞争者学习得更快的能力，因而被看成是企业增强组织动态能力和市场竞争优势的关键（Newell and Edelman，2008）。对项目型企业而言，跨项目学习有助于将知识源项目产生的有用知识释放，并在知识接受方项目得到学习、消化和再用，能使知识接受方项目的实施团队无须"重新创造轮子"（re-creat wheel），还能及时有效地获取项目实施所需的知识。更重要的是，知识接受方项目可利用由此节省下来的资源捕捉新的项目机会和开发、挖掘新的项目实施方案，为新一轮的项目工作做准备。这样，随着时间推移，一次次的跨项目学习活动将有助于提高企业的整体项目实施能力，推动企业的内生性成长。如已有研究都证明，跨项目学习能有效提升知识吸收能力，持续促进企业创新发展（Bartezzaghi et al.，1997；Charueduboc，2006）。另有研究发现，经常先后实施多个同类或不同类项目的组织，其知识和能力会不断积累，项目实施效果和企业创新绩效也会持续提升（Scarbrough et al.，2004）。所以，进行跨项目学习是推动企业不断成长和创新发展的重要途径。

知识型企业是一种很典型的企业类型，其无形资产的价值远远高于有形资产的价值。与传统企业相比，这类企业集中在制造业、高新技术业和服务业，以知识为第一生产要素，其生存和发展依赖于不断学习和创新的员工以及他们脑海中的知识，其管理模式趋向于知识化，经营模式趋向于智能化，产品开发趋向于数字化，致力于创造新知识、新技术。为敏捷响应市场需求的快速变化，越来越多的知识型企业采用项目形式完成组织任务，因而是典型的项目型组织。以信息技术（IT）服务企业为例，这是典型的项目型组织，无论是开发新的软件，还是实施既有的套装系统，都需要依靠一定的项目团队完成。同时，IT 服务企业也是典型的知识型企业，每个 IT 项目所执行的是涉及跨学科知识的、富有创造性的任务。因此，在 IT 服务企业，一个 IT 项目产生的知识和经验对于后续项目的实施来说，无疑是非常重要的知识资源。

　　然而，知识型企业跨项目学习活动的开展面临着各种挑战。例如，很多 IT 服务企业都存在这样一种现象，即工作人员平时加班加点学习知识，而当项目结束时，项目团队快速解散，之前的习得知识和经验往往因未能得到及时总结，因而不能为其他项目学习和再用，造成严重的知识流失。在项目型企业中，项目团队经常面临限期完成项目任务的时间压力，这使得他们将大量的时间和精力聚焦在项目任务上，而很少关注知识的跨项目转移活动，这导致跨项目学习难以继续（Davenport et al.，1998）。有案例研究结果显示，项目成员往往倾向于自己探索新知识，不愿意从企业内部的其他项目寻找有用的知识，即在企业内部进行跨项目学习的意愿较为薄弱（Newell et al.，2006）。

　　知识型企业内部的知识管理不同于其他传统企业，项目团队的隐性知识占比较大，即大部分的隐性知识和宝贵经验存留在成员脑海中，新项目的工作人员大多只能从公司内部获取文档、录音、视频等偏显性的文件。这导致，当其他项目中曾经出现过的问题在新开发项目中再次出现时，却找不到可以借鉴的资料，或者是打开企业知识库时，发现里面存储的大多是简单的项目产品知识（如 IT 系统使用手册），而不是具有重要借鉴作用的项目实施过程知识，这些知识不能给新项目的实施带来实质性的帮助。还有，当企业员工查阅公司内部已有项目的相关文档时，往往看到的是一堆杂乱甚至不一致的资料。这一系列知识因素造成了知识型企业内部跨项目学习活动开展不佳，使项目实施效率和效益的提升缓慢。久而久之，项目员工在企业内部跨项目学习的意愿也逐渐下降。

尤其是在信息技术快速发展的时代背景下，互联网尤其是移动互联网加速推动了知识的传播、扩散和分享。这使得企业的部分员工在遇到困难和问题时，就会从外部获取相关知识，以提高工作效率。因此，对外部知识的利用也会影响知识型企业员工在内部持续开展跨项目学习活动的意愿。

此外，据实践考察，一些经验丰富的优秀员工参与企业内部知识的跨项目转移与学习的积极性不高，反而更倾向于参加企业外部的经验交流。其原因之一是，参加企业外部的经验交流比参加企业内部的经验交流更能使这些员工得到期望的回报，如知识贡献方可获取经济回报或业界声誉，知识需求方可获得范围更广的、有用的新知识。根据社会认知理论（Bandura，2001），这种回报预期即为员工对是否参与企业内部知识的跨项目转移与学习进行决策的一种认知。

综上分析可知，跨项目学习对知识型企业具有重要的意义，有助于避免企业知识流失，减少项目成员重复犯错，在短期内有利于提高项目绩效和成功率，从长期看有利于企业提升项目能力和促进组织成长。但是，知识型企业作为知识经济时代的一种重要企业类型，其内部跨项目学习活动的持续开展存在各种困难和挑战，受到各种内部、外部因素的影响。其中，员工参与意愿是企业内部跨项目学习活动得以持续高效开展的一个重要方面。因此，知识型企业跨项目学习的关键影响因素及其作用机制，知识型企业员工进行跨项目学习的持续性问题以及影响员工对该学习活动的持续参与意愿的内外部因素，知识型企业推动跨项目学习活动持续开展的治理机制及其对员工认知和该学习活动效果的影响机制，都是非常值得进一步探索的。

第二节 研究问题

早在20世纪，研究者就开始从组织学习理论视角探索新产品研发项目管理的持续改进，并提出跨项目学习是实现这一目标的一种重要方法（Nobeoka，1995；Bartezzaghi，Corso and Verganti，1997；Antoni，Nilsson-Witell and Dahlgaard，2005）。相应地，组织学习视角的研究强调从项目中学习和知识再用对于组织项目能力发展的至关重要性，有学者认为从单个项目评估到持续的项目学习、制度化的项目学习流程、将学习和知识目标纳入项目阶段模型和项目目标中等，是企业跨项目学习的关键成功因素（Schindler and Eppler，2003），学术界也越来越强调持续的跨项目学习和知识积累是企业在当今市场上保持竞争优势的最可靠基础（Mainga，2010）。

其实，知识的跨项目转移与学习的理念早已在国际标准化组织的项目管理知识体系中得到体现，并受到重视。例如，国际标准化组织推出的项目管理知识体系ISO 10006（1997）明确将"项目管理经验总结"作为独立的知识模块；美国项目管理协会推出的PMBOK指南（2008）将一个项目的范围变更控制输出文本作为该项目或执行组织其他项目的历史数据库的一部分等。其实，不管是项目管理经验总结，还是项目管理经验编码化并进行文本存储，都是为了将一个项目实施过程中的习得知识积累下来，为后续项目学习、选择再用，实质就是跨项目学习。国际标准化组织的这些规定显示，跨项目学习对于有效的项目管理是非常重要的，对跨项目学习问题的研究具有重要的意义。因此，跨项目学习逐渐成为组织管理研究领域的重要概念，日益受到越来越多研究者的关注。

现有文献对企业跨项目学习的相关问题展开研究。由于跨项目学习活动的开展是一个复杂过程，受到多方因素的干扰，因而有较多的文献对跨项目学习的影响因素作了研究。在国外，例如，泽特维茨（Zedtwitz，2002）通过访谈调研总结得出，跨项目学习的有效开展会受到四大因素的阻碍，这些因素包括心理阻碍（如记忆偏差、没有能力回顾）、团队缺欠（如内部沟通不足）、认知限制（如知识集成困难、过程知识的内隐性）和管理问题（如项目期限限制、官僚作风）。纽威尔等（Newell et al.，2006）通过案例研究，主要分析基于信息技术的文档传递和基于社会网络的人际互动对企业知识的跨项目转移与学习的不同影响作用，结果得到，第二种方式更有利于项目成员从其他项目获取和学习有再用价值的项目过程知识。在国内，比如，楚岩枫和黄晓琼（2013）基于已有文献，分析和总结影响项目团队间知识转移有效性的因素，包括团队能力、努力程度、学习知识投入等。杜亚丽（2012，2015）实证检验跨层次的项目社会资本对项目间知识转移的影响关系。

归纳起来，国内外现有文献所论及的跨项目学习影响因素主要涉及五大方面：一是知识特性，如知识的内隐性（Newell et al.，

2006；吴涛，2012）、可获得性、可转移性（Fitzek，1999）、单位知识的转移成本、单位知识转移量以及项目组新获知识价值（古继宝等，2006）等。二是主体因素，主要包括知识源的转移能力、转移意愿等（Disterer，2002；吴涛，2012），知识接受方的吸收能力、学习意愿、努力程度等（Björkegren，1999；Newell et al.，2006；Bakker et al.，2011；吴涛，2012），知识源与知识接受方之间的关系质量（邝宁华，2004；王彦博和和金生，2010），以及参与者的领导力、声誉、决策权（Fitzek，1999）等其他因素。三是学习方式，如人员互动机制、编码化机制等（Newell et al.，2006；Newell and Edelman，2008）。四是项目情境，如项目任务紧迫性（Disterer，2002；Park et al.，2008）、项目复杂性（Aoshima，2002）、项目间任务相似性（Dixon，2000；Lewis et al.，2005；Zhao et al.，2015；Hartmann and Dorée，2015）、项目间资源相依性（Nobeoka and Cusumano，1994；Brown et al.，1998；Zhao et al.，2015）等。五是组织情境，涉及组织结构（Björkegren，1999）、制度与流程（Cacciatori et al.，2012）、组织文化（Disterer，2002；Wiewiora et al.，2013）、领导支持（楚岩枫、黄晓琼，2013）和技术平台（Soderquist and Prastacos，2002；Cacciatori et al.，2012）等。

　　跨项目学习与组织学习的本质是一样的，与知识源的知识转移、知识接受方对知识的搜寻、采纳和再用等活动密切相关。因此，组织学习的影响因素研究、知识的转移、搜寻、采纳和再用等活动的影响因素研究，能为本书后面章节研究持续跨项目学习的影响因素提供启发和借鉴。总体上看，现有文献所探讨和分析的知识转移影响因素大致可归纳为四大方面，包括知识特征（如知识的内隐性、情境嵌入性等）、主体因素（如转移能力、吸收能力、吸收意愿等）、转移活动（如知识转移的渠道、方式等）和转移情境（如组织管理情境、社交网络等）（Szulanski，1996；Cummings and Teng，2003；叶舒航等，2014；姚树俊和郭娜，2015）。在某种特定情境下，各个方面的因素对知识转移的影响路径是复杂的。比如，有研究证实，知识源与知识接受方的共享理解和紧张关系在沟通编码能力、沟通解码能力和知识源能力与知识转移效果之间起中介作用（Ko et al.，2005），信任在系统知识复杂性与知识转移机制之间起调节作用（Gorovaia and Windsperger，2013）。

对于知识的搜寻、采纳和再用等活动的影响因素，例如，库尔卡尼等（Kulkarni et al.，2006）实证研究了组织领导与激励机制的支持、知识内容质量、知识管理系统质量感知的知识共享有用性和用户满意度等对知识管理系统实施过程中知识共享与再用的影响作用；华特生和赫维特（Watson and Hewett，2006）分析了知识易获得性和知识价值等因素对企业内部知识贡献和知识再用的影响关系；周等（Chou et al.，2015）探索了知识质量、来源可信度、知识共识和知识评级对虚拟社区用户知识采纳的影响；周和徐（Chou and Hsu，2018）分析了虚拟媒体技能、个人创新性、社会身份、团队规范、感知知识交换回报、感知身份确认等对关系虚拟社区知识再用的影响关系。可以看出，知识的搜寻、采纳和再用等活动的影响因素大致涉及知识、主体、情境等方面。但与知识转移的影响因素相比，现有文献所探索的知识的搜寻、采纳和再用等活动的影响因素更为广泛、更为复杂。显然，这与不同文献的研究内容、研究对象、研究情境等有关。

前述的跨项目学习、组织学习、知识转移与知识的搜寻、采纳和再用等活动的影响因素都涉及组织情境，而这种情境因素的实质是企业的知识治理机制。知识治理强调通过设计组织结构和机制以优化知识的转移、获取与再用等活动的效果（Grandori，2001）。针对企业跨项目学习活动存在的问题及相关的影响因素，部分文献提出了相应的知识治理策略。例如，有文献认为正式组织与项目型组织相结合的结构形式能有效促进企业跨项目学习活动的开展（Björkegren，1999）。有文献经实证研究后提出，项目层面的管理控制、制度化治理有利于提升编码化跨项目转移知识效果（Cacciatori et al.，2012），但正式控制则会限制探索性创新项目中的跨项目学习与交互活动，进而抑制新想法的产生（Eriksson，2013）。迪斯特勒（Disterer，2002）提出，应鼓励、提倡知识共享，此种文化氛围会大大促进知识的跨项目转移与学习。楚岩枫和黄晓琼（2013）指出，领导的支持能极大地鼓舞项目团队成员进行跨项目获取和学习知识的积极性。卡恰托里等（Cacciatori et al.，2012）经研究认为，使用系统集成工具有助于集成分散知识，进而促进知识的编码化跨项目转移。

　　尽管知识治理策略会对跨项目学习的有效开展产生重要的影响，但是，知识治理策略对该学习活动的影响是一个复杂的问题。即使两个项目的实施团队和组织具备了相应的知识治理策略，也不能确保跨项目学习一定能够顺利开展。因此，现有研究仅考虑知识治理策略与跨项目学习效果之间的直接关系是不充分的，这忽视了跨项目学习过程中作为参与主体的项目成员的能动作用。参与主体是知识的拥有者和提供方，也是知识的需求方和使用者，是企业知识实现跨项目转移与学习的载体，因而在企业内部跨项目中扮演重要角色。从对跨项目学习影响因素的已有文献研究分析可知，参与主体的能力、意愿等，都是该学习活动得以开展和取得成效的重要因素。从社会认知理论（Bandura，2001）角度看，参与主体的能力、意愿等，实际上就是参与者关于能否、是否参与跨项目学习活动的一种认知。也就是说，知识治理策略对跨项目学习效果不仅有直接的影响，还可能会通过激发参与主体的认知，进而影响跨项目学习效果。但据本书所知，国内外未有文献深入研究参与主体认知因素在知识治理策略与跨项目学习效果之间的能动作用。而且，有研究指出，知识治理策略如何影响在知识获取和知识转移中的主体特征，是非常值得深入研究的问题（Sié and Yakhlef, 2009）。

从上述分析可知，现有文献已积累了关于组织学习、企业跨项目学习与知识再用的较丰富的研究成果，为本书研究提供了良好的理论基础和有益的参考。尽管如此，企业跨项目学习研究仍存在一些不足有待进一步探索，主要可归纳为以下几个方面：

第一，现有文献虽然分析了企业跨项目学习的相关影响因素，但所论及的影响因素相对零散。很少有文献对特定情境下的企业跨项目学习的影响因素作较为全面的分析与检验，从中提炼关键的影响因素，也少有文献分析这些关键因素之间的内在关系。

第二，虽然以往研究强调了持续改进项目管理质量的重要性，也有文献研究了知识再用问题，但对跨项目学习的持续性及其影响因素的研究较为有限。尽管有文献研究了以前项目绩效的感知相关性对项目团队成员之间未来项目合作的影响关系（Schwab and Miner, 2008），即涉及企业跨项目学习的持续性问题，但这方面的研究明显较少。

第三，作为参与主体的项目成员的主观认知是企业跨项目学习活动得以成功开展的一个重要因素。现有文献虽然分析了主体因素与知识因素、情境因素等对企业跨项目学习行为及效果的影响关系，但对参与主体的认知因素尤其是参与主体的学习意愿的关注和研究还不够深入，更未有文献研究项目成员对以前项目效果的感知对其此后的持续跨项目学习意愿的影响情况。

第四，随着市场需求愈加多元，基于互联网的外部在线培训（如微信、慕课等）和外部线下学习活动（培训、研讨会、经验交流会等）等渠道越来越多，从外部获取知识逐渐成为企业员工弥补内部知识资源不足和解决工作问题的一种途径（Laursen and Salter，2006）。但是，未有文献研究外部知识有用性对企业员工持续跨项目学习意愿的权变影响作用。

第五，虽有文献分析了企业跨项目学习的知识治理策略，以及组织管理机制对跨项目学习的影响作用，但这些研究大多只探讨这些组织知识治理策略所产生的直接影响关系。其实，组织知识治理策略与跨项目学习之间的关系并非都是直接的，可能会受到项目团队成员的能力、意愿等认知因素的影响；项目团队成员这些认知因素对跨项目学习效果的影响也并非简单，可能会受到组织知识治理因素的驱动或影响。因此，不能只研究组织知识治理策略、项目团队成员认知等因素与跨项目学习效果之间的直接关系，很有必要深入探究这些因素内部如何相互作用而影响跨项目知识转移效果，但这一问题在现有文献中尚未得到解决。

综上分析可知，无论在实践方面还是在理论方面，跨项目学习的影响因素和治理机制都值得进一步的深入研究。针对上述研究不足，本书将以知识型企业跨项目学习实践为研究背景，分析和探索企业员工跨项目学习的影响因素和知识治理机制。本书拟解决以下几个研究问题：一是知识型企业跨项目学习活动有效开展的内部关键影响因素主要有哪些，这些因素对该学习活动效果的影响关系和作用路径如何？二是知识型企业员工持续进行跨项目学习的意愿会受到哪些内部因素的影响，外部知识因素会在其中产生什么样的影响作用？三是为推动跨项目学习活动的持续开展，激发员工参与企业内部跨项目学习的意愿，知识型企业可采取哪些知识治理策略，这些策略会对员工认知和跨项目学习效果产生什么样的影响作用？围绕这些问题，本书将基于组织学习理论、知识管理理论、期望确认理论和社会认知理论，构建相应的研究模型，采用案例研究、定量实证检验等方法进行验证，从中提炼本研究的理论意义和实践启示，并提出未来的研究方向。

第三节 研究内容

本书在确认研究问题之后，对组织学习理论、知识管理理论和期望确认理论的内涵和应用进行阐述，对跨项目学习、组织学习影响因素、知识转移与再用影响因素的相关研究进行回顾和分析。在此基础上，以 IT 服务企业为例，采用案例研究方法分析知识型企业跨项目学习的关键要素。接着，提出知识型企业员工持续跨项目学习意愿的影响因素的理论模型和研究假设，通过对问卷调查样本数据进行分析，验证研究模型的有效性，分析相关因素对员工持续跨项目学习意愿的影响关系和作用机制。然后，以 IT 服务企业为例，通过案例研究分析知识型企业跨项目学习的治理策略及其作用机制。最后，总结本书的研究结论，并对本书研究的理论意义、实践意义等进行讨论。本书各章节的研究内容框架及各部分内容之间的逻辑关系如图 1－1 所示。

第一章绪论。内容主要包括研究背景、研究问题、研究内容和研究方法。本章主要是对本书研究的必要性、研究内容模块以及各模块之间关系、各内容模块所使用方法作整体的介绍。

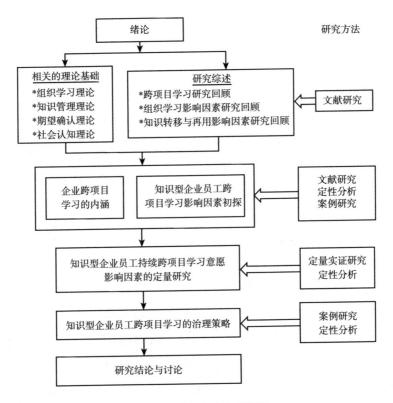

图1-1 本书研究内容框架

第二章理论基础与文献综述。内容涉及本书研究相关的理论基础、跨项目学习相关研究回顾、组织学习影响因素研究回顾、知识转移与再用影响因素研究回顾和研究述评。在理论基础部分,对组织学习理论、知识管理理论、期望确认理论和社会认知理论的核心观点及其应用研究进行阐述,为后面章节研究知识型企业跨项目学习的关键要素、员工持续跨项目学习意愿的影响因素以及跨项目学习的治理策略奠定理论基础。围绕本书研究问题,在跨项目学习相关研究回顾部分,我们回顾了跨项目学习的三种研究视角即知识管理、组织学习和项目管理,并回顾了跨项目学习的影响因素和治理机制的相关研究。我们还回顾了组织学习影响因素、知识转移与再用影响因素的相关研究。目的是通过分析和提炼这些学习活动的影响因素，为后面章节研究知识型企业跨项目学习的关键要素、员工持续跨项目学习意愿的影响因素提供参考。最后，对已有文献的相关研究进行述评，分析跨项目学习的研究不足，提炼和明确研究问题。

第三章知识型企业员工跨项目学习影响因素的初步探索。内容主要包括企业跨项目学习的内涵、企业跨项目学习关键要素的研究框架、案例研究设计及结果。在跨项目学习的内涵部分，阐述了跨项目学习的概念、过程、类型和特征。在跨项目学习关键要素研究部分，首先基于已有研究，构建了跨项目学习关键影响因素的初步理论框架，这些因素包括知识特征、主体特征、转移方式、项目任务情境和团队管理情境五个方面；其次，对案例研究的方法与实施进行设计；最后，通过对单案例进行探索性分析，对初步理论框架进行检验和调整。本章是本书的重要部分，通过案例研究方法，识别知识型企业跨项目学习关键要素及其作用机制，为进一步深入研究知识型企业员工持续跨项目学习意愿的影响因素及跨项目学习的治理策略打下基础。

第四章知识型企业员工持续跨项目学习意愿影响因素的定量研究。在期望确认理论的基础上，同时考虑外部知识有用性的调节作用，构建了知识型企业员工持续跨项目学习意愿影响因素的研究模型，这些因素包括感知内部知识有用性、感知知识增长程度、感知内部知识易获得性、期望确认度、跨项目学习满意度和外部知识有用性。根据研究模型，提出相关的研究假设。然后，定量研究这些因素对持续跨项目学习意愿的影响路径和调节作用。本章是本书的核心部分，通过引入外部知识变量的调节作用，对期望确认理论进行拓展，具有重要的理论和实践意义。

第五章知识型企业员工跨项目学习的治理策略。以 IT 服务企业为例，分析了对跨项目学习效果产生影响作用的知识治理策略，以及这些策略通过影响项目团队成员认知进而影响企业跨项目学习效果的作用机制。本章的研究，有助于丰富跨项目学习治理机制的理论研究。

第六章研究结论与讨论。梳理和总结前面章节的研究结论，提炼出本书研究的理论研究意义和实践意义，并指出了本书的研究局限和值得进一步研究的问题。

第四节　研究方法

围绕知识型企业员工跨项目学习的影响因素及治理策略，本书采用多种研究方法，下面阐述所涉及的研究方法。

第一，文献研究。本书以研究问题为出发点，基于已有文献，对组织学习、知识管理、期望确认理论、社会认知理论等相关理论的内涵进行阐述，对这些理论的应用研究文献进行回顾和分析，对跨项目学习相关研究、组织学习的影响因素研究、知识转移与再用的影响因素研究等相关文献进行回顾与分析，并进行研究述评。本书的文献研究的主要目的是为知识型企业跨项目学习的影响因素及治理策略的实证研究作铺垫。

第二，案例研究。案例研究适用于探索性研究，有利于发现实践中新出现的现象和问题，有助于揭示变量之间的内在作用关系。本书第三章采用单案例研究方法，对知识型企业跨项目学习的关键要素进行探索性研究。第五章采用多案例研究方法，对知识型企业跨项目学习的治理策略及其作用机制进行探索性研究。

第三，定量实证研究。本书第四章在研究知识型企业员工持续跨项目学习意愿的影响因素时，采用基于问卷调查的定量研究方法。本书参考国内外的成熟量表，根据研究对象加以改进并设计问卷。选取高新技术行业、制造行业、服务行业等的知识型企业的员工为调研对象，发放和收集问卷。然后筛选、整理、处理通过问卷调查回收的样本数据，利用 SPSS 22.0 和 AMOS 23.0 进行数据分析，包括无偏差评估、探索性因子分析、测量模型分析、结构方程模型分析和调节效应分析等，对研究模型进行验证，并分析影响因素之间的关系。

第四，定性分析。定性分析方法是指依据一定的理论与经验，分析和研究事物的内在特性，未考虑数量上的差异影响。定性分析有两个层次：一是没有定量研究的纯定性分析，结论往往具有概括性和较浓的思辨色彩；二是建立在定量研究基础上的定性分析。① 本书主要内容的研究采用两个层次的定性分析方法。其中，第二章用纯定性分析方法，对理论基础和已有的相关研究进行分析，从中提炼研究问题。第三章、第四章、第五章均先采用定性分析方法对知识型企业跨项目学习的内涵、关键影响要素、知识型企业员工持续跨项目学习意愿的影响因素、知识型企业跨项目学习的治理策略进行剖析和思辨，进而构建研究模型，为之后的实证检验做准备。在案例研究和定量实证研究之后，对实证研究结果与定性思辨结果不一致的原因再进行定性分析。

---

① MBA 智库·百科. 定性研究方法［EB/OL］. http：//wiki. mbalib. com/wiki/% E5% AE%9A% E6% 80% A7% E7% A0% 94% E7% A9% B6% E6% 96% B9% E6% B3% 95.

　　总之，本书在确定研究问题和进行文献研究之后，在阐述跨项目学习内涵的基础上，先采用单案例研究方法分析知识型企业跨项目学习的关键要素，再采用基于问卷调查的定量研究方法检验知识型企业员工持续跨项目学习意愿的影响因素及其作用机制。在此基础上，采用多案例研究方法分析和识别知识型企业跨项目学习的治理策略。

第二章　理论基础与文献综述

第一节　理论基础

一、组织学习理论

（一）组织学习的概念

组织学习，追求组织的知识积累和动态成长，对企业创新绩效及战略转型等起到重要的影响作用，在学术界和实务界得到广泛关注。很多学者从不同的视角对组织学习的相关问题展开研究，对其概念的内涵进行分析和界定。例如，阿吉斯和朔恩（Argyris and Schon，1978）认为组织学习是组织发现错误并通过新的使用理论进行改造的过程，是对原有知识与行为规范的根本性的改变。道奇森（Dodgson，1993）在回顾组织学习相关文献后总结得出，从经济学的角度看，组织学习是一种行为上的改进，这种改进可以产生抽象或具体的积极结果；从管理与创新学的角度看，组织学习是企业保持相对竞争优势和促进创新能力提升的一个过程。高（Goh，1998）认为，组织学习是企业在特定的行为和文化下，建立完善组织的知识和常规，通过不断应用相关工具与技能来加强企业的适应性与竞争力的过程。

　　陈国权和马萌（2000）在回顾其他学者研究的基础上提出，组织学习是指组织不断努力改变或重新设计自身以适应不断变化的环境的过程，是组织的创新过程。于海波等人认为组织学习是指一个组织为了实现自己的愿景或适应环境的变化，在个体、团队和组织之间进行的，不断产生和获得新的知识和行为，并对其进行解释、整合和制度化的循环上升的社会互动过程（罗伟良、方俐洛、于海波，2006；于海波等，2007；程龙和于海波，2018）。

　　冯海龙（2009）认为，组织学习就是学习主体（组织、团队和个体）感知、检测内外部变化，辨识、吸收、处理、应用内外部信息知识，比较、反思和纠正自身行为，以及记忆的动态循环过程。朱瑜和王雁飞（2010）将组织学习界定为组织对获取的信息和知识进行全面处理，从而来改善组织成员和组织体系的认知和行为的过程。潘培培等（2015）认为，根据协同理念，组织的知识不仅局限于某一个层面，而是可以在不同学习层次之间传播和转移，并将组织的跨层级学习定义为"在一个组织中，通过采取有效的学习方式，打破知识壁垒，促进知识在个人、团队以及组织之间的跨层级流动，有效实现知识共享，以期提高组织的整体学习能力、创新能力和应变能力，促使组织积极健康发展"[①] 的过程。

　　综上可知，已有文献对组织学习的界定，大致可划分为三类观点，包括信息加工观点、系统和行为观点、社会互动观点（于海波等，2004）。总体而言，学者们大都将组织学习视作为实现某一组织目标而努力积累知识的一个过程。

----

　　① 潘培培，吴价宝，贺永正. 基于协同机制的个人、团队与组织的跨纵向边界学习转化机制研究 [J]. 中国管理科学，2015，23（S1）：310－315.

（二）学习型组织

学习型组织是组织学习理论中的重要内容，而本书所研究的知识型企业属于典型的学习型组织，因而有必要阐述学习型组织的内涵，为深入了解知识型企业奠定基础。学习型组织的起源来自知识经济的驱动。尤其在当今新的知识经济背景下，企业要持续发展，必须通过组织增强自身的整体能力，提高自身的整体素质。因此，企业要努力发展或转型为学习型组织，使学习型组织成为一种组织形态，成为组织学习的指导理念与奋斗目标。著名学者彼得·圣吉（1999）在《第五项修炼：学习型组织的艺术与实践》一书中，对学习型组织做了全面而深入的阐述，提出传统企业要转变成学习型企业，企业要通过学习提升整体运作"群体智力"和持续的创新能力，成为不断创新的组织。

学习型组织是指通过培养弥漫于整个组织的学习气氛、充分发挥员工的创造性思维能力而建立起来的一种有机的、高度柔性的、扁平的、符合人性的、能持续发展的组织（彼得·圣吉，1999）。这种组织具有持续学习的能力，具有高于个人绩效总和的综合绩效。

学习型组织具有如下几个特征：一是组织成员拥有一个共同的愿景。组织的共同愿景来源于组织成员的个人愿景，但又高于个人愿景，是组织中所有员工的共同理想。它能使不同个性的人凝聚在一起，朝着组织的共同目标前进。二是组织由创造性个体组成。在学习型组织中，核心工作是具有挑战性的、非常规的创造性工作，相应地，核心员工是具有创造性的个体。组织主要由创造性个体组织组成，依靠创造性个体完成组织任务、实现组织目标。三是不断学习，这是学习型组织的本质特征。不断学习意指学习型组织强调终身学习、全员学习、全过程学习和团队学习。终身学习是指组织促使员工在工作中养成终身学习的习惯，以此促进组织良好学习气氛的形成；全员学习是指企业组织的决策层、管理层和操作层都要投入学习中；全过程学习是指学习贯穿于企业组织系统运行的整个过程；团队学习是指组织不仅要重视个人学习和个人智力的开发，还要强调组织成员的合作学习和组织群体智力的开发。

学习型组织具有五个关键要素：一是建立共同愿景。当个体学习愿景与组织学习愿景一致时，即个体和组织具有共同愿景时，就意味着个体的学习目标和组织的学习目标相一致。此时，共同愿景起到凝聚组织员工的重要作用，促使员工达成组织共识，形成一致的努力方向，个人愿意为组织目标而奋斗，因而个体学习可以转化为组织学习。二是团队学习。团队学习是学习型组织中由个体学习到组织学习最基本的学习形式，团队合作透过集体思考和分析，有助于找出个人弱点、发挥个人优势、强化团队向心力，从而做出正确的组织决策。三是改善心智模式。心智模式是在特定文化背景下，人们内心深处长期持有的对世界的看法以及对日常生活的点滴领悟积累而成的思维模式。心智模式影响个人的认知方式，进而形成不同的行为方式。组织学习不仅包括个体的学习，还包括个体之间的交流和知识共享，而个体心智模式能够通过个体之间的知识分享、团队学习和标杆学习而得到改善，例如固执己见、本位主义等旧思维能够得到改变，进而改变心智模式并有所创新。四是自我超越。自我超越是指组织成员突破极限的自我实现，只有组织中每个层面的人都学习自我超越，才能建立真正意义上的组织学习。自我超越的根源来自个人愿景与组织愿景之间的吻合及其涌现出来的"创造性的张力"。五是系统思考。系统思考强调透过信息搜集与分析，掌握事件的全貌，避免见树不见林，培养综观全局的思考能力，看清楚问题的本质，有助于清楚了解因果关系。彼得·圣吉认为，系统思考是五项修炼中最为重要的一个因素，强调完整的知识体系，将其他四项修炼融合为一体。

学习型组织理论对于创建学习型企业具有重要的指导意义。一是学习型组织理论为组织创新提供了具有较强操作性的技术和方法。学习型组织理论中的每一项修炼都由许多具体方法组成，这些方法简便易学。此外，彼得·圣吉提出的系统思考可借助软件进行实验，这可帮助企业管理者在其中尝试各种可能的构想、策略和意境的变化及种种可能的搭配。二是学习型组织理论的应用有助于激活企业活力。员工的自我超越是学习型组织理论的一个重要修炼，员工通过团队学习，能够充分发挥个体潜能，创造出超乎寻常的成果，实现超越极限的自我突破，追求内心的成长与自我实现，并与组织产生共鸣。三是学习型组织理论的应用有助于提升企业的核心竞争力。在知识经济时代，企业获取知识和应用知识的能力是一种重要的组织学习力，是企业构建竞争能力的关键。企业只有通过不断学习，拓展与外界信息交流的深度和广度，才能反思企业系统运行中存在的各种问题，并开发组织创造未来的潜能，从而获得更长远的发展。总之，在企业发展实践中，各个层面的主体可以运用学习型组织的基本理念和五项修炼的技术方法，努力构建学习型组织，通过保持持续学习的能力，及时铲除企业发展道路上的障碍和困难，不断突破自我成长和组织成长的极限，从而促进组织持续发展。

（三）组织学习过程

组织学习过程涉及组织学习如何发生的各种方式。阿吉斯和朔恩（1978）较早地提出组织学习过程模型，认为组织作为一个整体进行学习的过程包括四个阶段，即发现、发明、执行和推广。其中，"发现"是指组织全体成员通过学习活动，发现组织内部潜在的问题，并识别潜藏的发展机会；"发明"是指组织全体成员创造出一些解决所发现的问题和抓住机遇的方法；"执行"是指组织采取策略，对新发明的问题解决方法进行采纳和发展；"推广"则是指组织汇总个体层面的学习成果，将其上升为组织学习成果，并在组织各个部门进行共享和扩散。

此外，阿吉斯和朔恩（1978）还提出了单环学习（single-loop learning）和双环学习（double-loop learning）的概念。其中，单环学习是组织在察觉存在的问题后，不断调整自身的行为改正组织错误，使得组织能够保持当前政策，进而实现组织既定目标的过程。另有学者认为，单环学习可以被视作为这样一种组织活动，它将组织所需的知识、技能或规则植入组织，同时不改变组织现有形态特征（Dodgson，1993）。换句话说，单环学习是通过一般的学习，寻求组织行为和结果之间的匹配，以保证组织的正常运转。相应地，单环学习所注重的问题是"我们是否做正确了"。因此，单环学习亦被称为"低层次学习"（Fiol and Lyles，1985）、"适应性学习"和"复制式学习"（彼得·圣吉，1999）。

双环学习是指组织除了发现并改正组织错误外，还考虑了外部环境变化的影响，依据组织环境的变化，适时地调整组织现有的规范、流程、政策以及目标，以解决所发现的问题和错误（Argyris and Schon，1978）。另有学者还认为，双环学习包括对组织的学习基础、特殊能力、例行常规进行变革（Dodgson，1993）。也就是说，双环学习是组织通过改变组织基础能力，努力与其所处环境相适应的一种过程，只有通过该学习活动，组织才能够充分利用各种内外部资源，进而拓展并实现组织目标。可以看出，双环学习可以促进和增强组织在复杂环境下的适应和竞争能力。但对于大多数组织来说，双环学习的实现并非易事，其过程中总是会遇到来自方方面面的障碍和阻力。

相应地，双环学习所注重的问题是"我们做得正确吗"。因此，双环学习亦被称为"高层次学习"（Fiol and Lyles，1985）、"创造性学习"和"拓展型学习"（彼得·圣吉，1999）。

在单环学习和双环学习的基础上，弗勒德等（Flood et al.，1998）提出了"三环学习"，即通过归纳总结组织所遇到的各种各样的问题及其解决过程中得到的经验，并在广度和深度上进行拓展和整合，进行知识的创新和共享，进而实现组织结构和战略的变革。也就是说，三环学习所考虑的是通过知识整合与分享实现组织结构和战略层面上的变革。相应地，三环学习所关注的问题是"我们是否能参与组织战略、目标等的变革"。很明显，与单环学习、双环学习相比，三环学习更加注重组织战略层面的变革和创新。

当然，国内外其他学者对组织学习过程做了大量的探索，提出了相应的理论观点。例如，易凌峰和张大均（2008）认为，当组织学习被视为一种知识创造的过程，则基于知识范式的组织学习过程模型比较能够揭示组织学习的内在机制，因而从知识流模型的角度提出组织学习过程模型，其中知识创造是组织学习过程的核心，是一个动态的过程。从学习机制来看，组织学习过程知识的运动包括知识的生产、知识的交流与知识的利用三个基本环节，这三个环节相互交叉、循环往复，并以知识流的形式显现。刘小可等（2011）认为，组织学习过程是一个不断积累、学习并运用知识的过程，组织需要根据外界环境变化而不断地、适时地更新知识库。综上可知，知识是组织学习过程所涉及的重要客体。当然，组织学习的实现最重要的是依赖于主体，这将在之后的个体学习与组织学习部分进行详细分析。陈国权等（2013）认为，组织学习包含个体、团队和组织三个层面学习活动以及各层面学习活动之间相互转化，学习的发生可以起始于其中任何一个层面，并引发另外两层面的学习。

（四）个体学习与组织学习

在组织学习过程中，主体是使得这一过程得以实现的一个重要载体。而且，个体、团体和组织三个学习层次在学术界得到了广泛认可，各个主体都在组织学习过程中承担了不同的任务，并相互联系（Argyris and Schhn，1978）。狄克逊（Dixon，1995）提出的意义结构模型注重分析组织知识与个体知识、组织学习与个体学习之间的联系，认为组织学习以组织成员个人学习为基础，通过组织成员的个体学习来实现的，并且是对个人学习成果的有机整合，而非个人学习的简单相加。因而他将意义结构分为个人意义结构、可共享意义结构和集体意义结构三层次。

克罗斯安等（Crossan et al.，1999）认为组织学习表现为直觉感知、解释说明、归纳整合和制度化四个过程，它们将个体、群体和组织三个层次的主体联系起来。具体而言，直觉感知是指组织成员根据自身以往经验和直觉感知对环境变化做出判断的一种行为，因而具有较强的主观性，很难形成系统的、可以在组织中分享的知识。解释说明是组织成员通过对话、沟通等方式，将个人的直觉感知向他人进行解释说明，从而形成各成员共同认可的组织术语。归纳整合是在个人之间通过对话和共同参与等相互沟通方式而达成共识。制度化过程是组织对组织成员、团体的学习成果进行整合，转化为组织知识，并在整个组织中传播、共享。

国内学者也对组织学习中的个人、团体、组织三个层次主体之间的交互展开了不少研究。例如，李栓久等（2007）构建了个人、团体、组织三个层次的学习机理模型，深入分析个人学习、团队学习和组织学习三者之间的关系。他们认为，个人学习是基础，团队学习和组织学习最终都要落实到组织成员的个人学习。团队学习的关键是发挥群体效应，群体效应是个人学习所不具备的特征，但它是团队学习的优势所在，团队学习可以使组织成员个人学习过程的各个环节得到优化。组织学习的关键是发挥整合效应，即通过整合个人学习和团队学习成果，达到高效学习的组织学习效果。

于海波等（2007）认为，员工是组织学习的主体，组织学习就是组织中或组织间人与人基于知识的交互作用过程。这个过程主要通过心理和社会互动实现知识或信息的产生和流动，从而产生组织学习，具体的组织学习过程模型如图 2 - 1 所示。可以看出，从主体层次来看，于海波等（2007）提出的组织学习是个体与组织之间关于知识的交互作用过程。

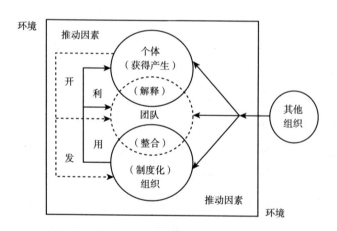

图 2 - 1　整合个体与组织的组织学习过程模型

资料来源：于海波，郑晓明，方俐洛，凌文辁. 我国企业组织学习的内部机制、类型和特点 [J]. 科学学与科学技术管理，2007（11）：144 - 152.

陈国权等（2013）认为，组织是由个体和团队所组成的，相应地，组织学习并不只限于组织层面，而是包含个体、团队和组织三个层面的学习活动，学习的发生可以起始于其中任何一个层面，并引发另外两个层面的学习。实质上，这种学习过程是知识和经验在不同层面的学习主体之间的传播、演化、扩散和转移。因此，驱动组织学习跨层面转化的关键是促使知识和经验与原主体（个体、团队或组织）相分离，以及推动知识和经验进行在原主体之间的迁移，进而实现在个体、团队、组织等不同层次主体之间的传播和扩散。这一组织学习跨层面转化过程如图 2-2 所示。

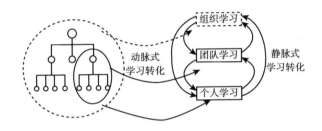

图 2-2　跨层面转化的组织学习过程

资料来源：陈国权，孙锐，赵慧群. 个人、团队与组织的跨层级学习转化机制模型与案例研究［J］. 管理工程学报，2013，27（2）：23-31.

潘培培等（2015）基于协同学视角，认为组织学习不仅包括个人、团队和组织三个层面的学习活动，还包括不同层面之间的协同学习活动。这三个层面的学习活动中，任意两者间可相互转化，因而提出了如图 2-3 所示的组织学习跨纵向边界转化示意图。

彼得 · 圣吉在《第五项修炼：学习型组织的艺术实践》中讨论了学习型组织五个关键要素，即自我超越、改善心智模式、建立共同愿景、团体学习和系统思考，从"个人-团队"和"内在-外在"两个维度将这些要素分为四个象限，核心圆点是系统思考。借鉴彼得 · 圣吉（1999）的学习型组织理论，范青矗（2018）更深入地分析学习型组织五个关键要素的内在逻辑，提出个体学习与团队学习之间内在转

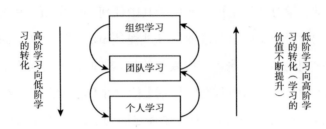

图2-3 跨层级转化的组织学习示意

资料来源：潘培培，吴价宝，贺永正. 基于协同机制的个人、团队与组织的跨纵向边界学习转化机制研究 [J]. 中国管理科学，2015，23（S1）：310-315.

化的二维思维逻辑框架图，如图2-4所示，认为通过"个人-团队"的横轴维度和"内在-外在"的纵轴维度二维坐标的建立，经过学习型组织的五项修炼，能把组织中的单独个体变成训练有素的系统公民。由图可以看出，要构建学习型组织，重要的思维逻辑是构建个体学习与团队学习之间的交互作用机制。

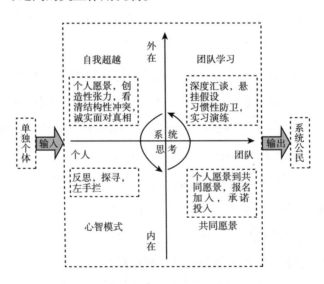

图2-4 学习型组织的内部学习机制

资料来源：范青蠡. 学习型组织的思维逻辑 [J]. 上海管理科学，2018，40（4）：6-9.

综上分析可知，个体学习与组织学习密切关联。个体学习是组织学习的基础，是组织学习开展和实现的重要环节。反过来，组织学习有机整合个体学习结果，也促进个体心智模式的改进和学习能力的提升。个体学习和组织学习的相互促进，共同推动学习型组织任务目标的完成和市场竞争力的提升。本书研究知识型企业员工跨项目学习的影响因素和治理机制，即侧重于探索组织中的个体学习活动。因此，分析个体学习与组织学习的关系，明确个体学习在组织学习中的重要作用，对本书研究知识型企业员工跨项目学习的相关问题奠定了理论基础。

二、知识管理理论

根据动态能力理论，知识与知识学习在企业发展动态能力和形成竞争优势过程中发挥着重要的作用。动态能力的形成主要根源于知识，知识的创造与生成过程也是动态能力的演变过程。也就是说，企业的知识是决定企业能力强弱和企业获得持续竞争优势的关键资源。与其他资源相比，企业成功越来越依赖于企业所拥有的知识资源。因此，如何管理好企业的知识资源，如何利用企业所拥有的知识为企业发展动态能力和保持竞争优势，显得更为重要，也是企业始终面临的一大挑战。跨项目学习是解决这一问题的一种重要渠道。下面阐述与知识相关的理论观点，包括资源基础观、知识基础观、知识管理观点和知识治理理论，为后面章节的跨项目学习研究提供理论基础。

（一）资源基础观

企业资源基础观作为企业战略管理理论之一，认为企业是资源的集合体，解释企业如何通过内部资源的获取、配置、使用以并持续保持竞争优势的问题。对于"资源"一词，最初提出者彭罗斯（Penrose，1959）侧重于关注"生产型资源"，认为企业是"生产型资源"的集合体，这些资源包含物质资源（厂房、装备、土地、原材料等）和人力资源（一线员工、管理层、工程师等）。沃纳费尔特（Wernerfelt，1984）将资源界定为企业所拥有的、有形的和无形的永久性资产，如品牌、内部的技术知识、技能型员工、贸易关系、机器、高效率的程序和资本等。巴尼（Barney，1991）认为企业资源是一个企业所控制的，并能够用于制定、执行改进效率和效能之战略的所有资产、能力、组织过程、企业特性、信息和知识等。

企业资源基础观建立在一定的理论假设之上。在竞争优势理论中，波特（Porter，1980）假设处在同一产业的企业是没有区别的，它们拥有同样的资源，因而可以实施同样的企业战略；即使企业资源具有异质性，但这种异质性因为资源的高度流动性而不可能长期存在（Barney，1986）。与竞争优势理论不同，企业资源基础观提出的假设是：第一，不同企业拥有的各种有形和无形的资源具有异质性，资源在企业间是不可流动、难以复制的。第二，资源的异质性能够持续存在，是企业获取持久竞争优势的根源，原因是异质的企业资源不是完全流动的、具有不可模仿性。如果企业资源完全流动，不同企业获取资源的壁垒或门槛不复存在，那么，一个企业的成功战略就会立即被竞争对手复制，从而丧失竞争优势地位。但由于企业资源实际上是一系列资源的组合，因而不同企业几乎不可能存在完全相同的资源组合。资源的流动性往往也受到合约约束、信息缺乏、定价困难等多重因素的限制。可以看出，与竞争优势理论相比，企业资源基础观的理论假设更为接近现实，更强调基于资源异质性发展持续的、不可复制的企业竞争优势。

　　根据企业资源基础观，要维持企业的持续竞争优势，企业资源必须具有战略性，而不是所有资源都能带来这种竞争优势。企业战略性资源必须具备四个特征：价值性、稀缺性、不可模仿性和不可替代性（Barney，1991）。价值性体现为企业拥有的资源可被用于制定和执行企业战略、提高工作的效率和效能。稀缺性是指一个企业拥有的资源是其他企业所没有的；否则，资源即使再有价值，一旦为大部分企业所拥有，它就不能为企业带来竞争优势。巴尼（1991）指出，资源的价值性和稀缺性能够为企业带来竞争优势，但不能确保这些优势是否能够持续，要带来持续的竞争优势，资源还需要具备不可模仿性和不可替代性。不可模仿性指企业资源的历史条件独特，它与企业持续竞争优势之间的因果性模糊，同时具有社会复杂性。不可替代性指企业资源难以替代，不存在一种既可复制又不稀缺的替代性资源；否则，这些不同资源可用来制定和执行相同的战略，并不能带来竞争优势。

　　以上分析的是传统的企业资源基础观。总体上，传统的企业资源基础观聚焦于企业内部所拥有的资源，认为企业的保持持续竞争优势来源于对其内部各种战略性资源的配置和高效利用，却忽视了对这些资源进行配置和利用的能力在形成企业竞争优势中的作用。

（二）知识基础观

　　企业知识基础观视角将对作为企业战略性资源的探讨转移到组织的知识资源，强调通过对企业知识本质地深入思考来认识竞争优势来源。著名的管理学家彼得·德鲁克对知识基础观有丰富的论述，认为"在知识社会，能够创造经济价值的基本资源不再是资本、或自然资源、或劳动力，而是知识，现在是，将来也是"（竹内弘高和野中郁次郎，2005）。知识基础观强调知识是组织的基础性资源，企业所拥有的内部知识和所能获取的外部知识是企业构筑动态能力的基础，进而是企业获取竞争优势的真正根源。企业通过整合和应用内外部相关知识及相关资源，创造新知识、形成新能力、获取新市场机会、带来产品和服务的新附加价值，也即形成动态的竞争能力，以持续获取竞争优势（Kogut and Zander，1992；Nonaka，1994；Grant，1996）。换句话说，持续竞争优势来源于企业卓越的知识创造与获取能力。

最经典的观点要数竹内弘高和野中郁次郎（2005）提出的知识创造螺旋理论。他们认为，知识创造是通过隐性知识与显性知识在个人与组织间持续不断地转换而实现的，整个过程是一个螺旋上升的过程。隐性知识与显性知识通过共同化、表出化、联结化、内在化四种模式的交互运作，不断地转换与重组，进而实现知识创造的循环。共同化是隐性知识到隐性知识的转化，通过共享经验的方式将他人的隐性知识变成自己的隐性知识，最典型的就是师傅带徒弟的过程。表出化是将隐性知识到显性知识的转化，通过将隐性知识写出来或存储在电脑上等方式，将隐性知识表达出来。联结化是显性知识到显性知识的转化，将各种不同知识和信息联结起来，通过整理、分类、重构成系统化知识。内在化是显性知识到隐性知识的转化，个人将从多种媒体渠道得到的显性知识进行消化、吸收，转化成个人隐性知识。通过这四种模式的动态循环交替和螺旋上升，不断促进新知识的产生。

新创造知识需要共享等途径得到再用，而能够带来企业竞争优势的动态竞争能力的形成过程是对企业内外各种知识的处理过程。

首先，企业是一个开放系统，其所需要的知识不仅局限于内部各个部门和团队，还来源于外部，企业通过与外部其他组织的互动能够整合不同来源的知识，以创造出新知识（Lane and Lubatkin，1998；罗珉，2007）。其次，能够给企业带来竞争优势的知识包括显性知识和隐性知识，并且主要源于后者（Grant，1996）。以人为载体，企业内外的显性知识通过文本、信息通信技术等实现共享与传播，隐性知识通过言传身教等方式实现共享与传播，综合起来创造经济价值（Brauner and Becker，2006）。因此，知识需要借助于管理才能得到利用，才能促进企业发展。

（三）知识管理观点

20世纪60年代初，现代管理学之父彼得·德鲁克率先提出了知识工作者和知识管理的概念，并预言"知识将取代土地、劳动、资本与机器设备，成为最重要的生产因素"。随后，彼得·德鲁克对知识管理做了大量的开拓性研究工作，提出"未来的典型企业以知识为基础，由各种各样的专家组成，这些专家根据来自同事、客户和上级的大量信息，自主决策和自我管理"。[①]

所谓知识管理，就是在组织中构建一个知识系统，让组织中的知识通过创造、转移、分享、获取、整合、更新等过程，不断地回馈到知识系统内，不断地积累个人知识与组织知识，形成组织的智慧资本，以帮助组织做出正确决策和适应市场变化。简而言之，知识管理是组织对拥有的知识及其知识活动进行规划和管理，目的是通过促进知识的共享与创新进而发挥知识对于提升企业核心竞争力的作用。

[①] ［美］彼得·德鲁克. 21世纪的管理挑战［M］. 朱雁斌译. 北京：机械工业出版社，2019.

对于知识管理，中国人民大学左美云教授等（2003）将其划分为三个学派：行为学派、技术学派、综合学派。行为学派认为"知识管理就是对人的管理"，研究的内容包括知识型组织、知识管理战略、知识管理制度、不同层次的知识学习模式等。技术学派认为"知识管理就是对信息的管理"，研究的内容包括知识的组织（如知识表示、知识库）、基于知识共享的团队通信与协作技术、知识管理技术（如知识地图系统、知识分类系统、经验分享系统、统一知识门户技术）等。综合学派认为"知识管理不但要对信息和人进行管理，还要将信息和人连接起来进行管理"，强调知识管理是企业的一套整体解决方案，是一种基于信息技术的、关于知识的管理系统，它涉及知识管理观念、知识管理战略、知识型组织结构、知识管理制度等问题。

（四）知识治理理论

知识治理的产生，源于人们对知识与组织之间内在关系的研究。企业能力论和知识论将企业本质视为"知识集合体"，认为由于分工，企业具有知识分散分布性、不完备性和互补性等特征，而企业作为知识分工体系中的一部分，本质上就成了"知识处理器"。因此，有必要分析如何通过有效协调来实现企业对知识的"组织"。组织理论学家格兰多里（Grandori，2001）在"知识治理与企业理论"一文中，较早地提出并使用"知识治理"的概念，将其理解为企业内和企业之间知识结点的一种协调机制，是通过正式和非正式的组织结构和治理机制的设计，对知识的获取、转移、创新和应用等活动进行促进或引导，以最优化知识活动的效益。不同学者基于不同研究视角对知识治理进行探讨和研究，各自提出了知识治理的概念。本书汇总一些文献中知识治理的概念，如表2-1所示。

表 2 - 1　　　　　　　　　　　　　**知识治理的概念**

知识治理的概念	理论基础	文献来源
知识治理是对企业内部和企业之间知识的交换、转移和共享的治理	企业知识理论 组织认知理论	格兰多里 （Grandori， 1997，2001）
知识治理是选择正式与非正式的组织机制与结构，以实现知识获取、构建、共享与分配的最优化	组织经济学 治理理论 知识管理	福斯（Foss，2003， 2005，2006）
知识治理是对知识流动的治理安排，以促进价值创造，其中治理机制包括科层、共同体和激励三种形式	治理理论 知识管理	马恩克和佩德森 （Mahnke and Pedensen，2004）
知识治理是通过一套制度、公共政策、公司战略、交易类型以及相互作用形式，促进知识生产和使用的组织活动	信息经济学 治理理论	安东内利 （Antonelli，2006）
知识治理是影响知识转移和流动的治理结构，包括交换、授权、赠予	社会人类学	程等（Cheng et al.，2006）
知识治理是分配权力和资源，审查、规划、监督、修正知识管理的过程，使知识管理战略得到有效实施	治理理论 知识管理	津格勒等（Zyngier et al.，2006）
在项目型企业，知识治理体现为组织为支持跨项目知识转移和追求其最佳效果而采取的各种组织管理策略	治理理论 知识管理	赵等（Zhao et al.，2015）
知识治理旨在通过实施正式和非正式的管理机制、组织结构等，对组织知识产生战略性影响的过程	企业知识理论 组织经济学 治理理论	彭塞尔等 （Pemsel et al.， 2016）
知识治理是一种基于知识的关系结构，它能带来组织上的一致性、授权政策、计划和决策，并能解释这些组织关系结构的增值性、敏捷性和收益成本比	社会认知理论 企业知识 管理理论	皮尼奥等（Pinho et al.，2019）
知识治理的本质就是正式的组织机制和非正式的组织机制交互作用于知识的组织过程。前者包括治理结构、激励计划、契约安排等；后者包括组织惯例、组织文化、互惠交易等	组织经济学 组织行为学	任志安（2007）
知识治理就是一种包含治理结构选择或协调机制设计的制度安排，以最优化知识的生产、转移、共享、应用过程	治理理论 组织经济学	梁祺等（2012）
知识治理是对知识获取、交流和整合运用过程的治理	组织行为学 治理理论	吴士健等（2017）
知识治理本质上是对知识行动者行为的激励、引导、规范和控制的组织安排	组织激励理论 治理理论	赵中华， 孟凡臣（2019）

　　鉴于知识治理的重要性，国内外学者对知识治理展开较为丰富的研究。从理论研究来看，有学者认为知识治理研究是对企业理论的修正。例如，格兰多里（1997，2001）从契约理论和知识理论两方面分析了传统企业理论对企业问题分析的不足，认为知识治理理论超越和取代现有的基于契约和基于知识的两种企业理论。此外，有学者认为，应把知识治理作为独立的研究领域。例如，福斯（Foss，2003，2005，2006）极力倡导综合组织经济学、组织行为学、知识管理和其他组织理论，专门研究知识和组织之间的关系。

　　知识治理研究产生的重要原因在于知识活动存在各种风险，这些风险主要有：因"知识显示"的困难或"知识隐藏"行为产生的信息不对称而导致的"逆向选择"和"道德风险"问题；因知识的"公共物品"属性而产生的"搭便车"现象所引致的"公共地悲剧"；因知识活动表现出的互动关系的专用性投资产生的"锁定"效应而导致的事后的机会主义行为——"要挟"行为；因知识的"溢出"效应及价值评估困难而导致知识专有权与共有权平衡的难以实现；因知识的"公共物品"属性和社会网络的"嵌入"性而导致知识共享的"社会困境"等（任志安，2007）。

　　为应对知识活动过程中的各种风险，不少学者对知识治理的形式和机制进行研究。例如，格兰多里（2001）针对"知识差异性""知识复杂性"和"利益冲突程度"，对知识治理机制的选择进行初步分析，提出多种知识治理机制，包括直接又独立的交流、非正式和无支持的交流、实践社区、科层制，基于交易的价格制等。康特拉克托和雷（Contractor and Ra，2002）研究知识属性怎样影响联盟治理模式的选择。尼克森和曾格（Nickerson and Zenger，2004）从问题出发，认为组织必须选择最优治理机制并实施激励机制，才能解决特定的组织问题和提高知识交换效率，并在此基础上分析了市场机制、共识型科层和权威型科层这三种治理机制，认为市场机制适用于解决可分解的问题，共识型科层制适用于解决高度复杂的不可分解的问题，权威型科层制适用于解决复杂性中等的问题。程等（Cheng et al.，2006）提出促进知识转移和流动的三种治理机制，包括交换、授权和赠予。安东内利（Antonelli，2006）根据知识的特征，提出了三种治理机制，包括适用于隐性与黏性知识的准科层机制、针对可表达知识建立起的互动机制以及适用于可编码知识的协调交易机制。

以上关于知识特性和知识活动如何影响组织结构和治理机制选择的研究，是现有知识治理研究的一方面内容。另一方面研究内容涉及组织结构和治理机制对知识活动效果的影响效应（王健友，2007）。也就是说，还有部分学者研究了治理机制对知识活动的影响作用和效果，例如，马恩克和佩德森（Mahnke and Pedersen，2004）在研究跨国公司内外部的知识流动和转移时提出，知识治理可实现对知识的有效使用和创新，进而促进价值创造。戈尔德（Gold，2001）、潘迪和杜塔（Pandey and Dutta，2013）通过实证研究得到，组织的职能结构、制度、文化和技术这些知识治理架构对组织有效性产生显著的影响作用。可以看出，知识治理是针对知识管理实践中存在的一些突出问题所做的一种制度性安排，其主要目的是实现组织内乃至组织间知识转移、知识共享和知识利用的最优化。

综上分析可知，知识治理与知识管理是两种不同的活动。知识治理侧重于对知识行为的治理，即通过各种组织形式和组织机制及正式、非正式的组织实践等，影响和塑造知识行动者的各种行为和动机，促进知识活动，防范知识交易中的风险。它特别关注组织在知识创造和利用中所扮演的角色。相对而言，知识管理更多地强调知识获取、运用和创造等具体的知识活动及其与企业绩效的关系，即强调通过知识的共享、创造、运用等来增强组织绩效，但较少关注知识活动有效开展所依存的组织环境的重要性。因此，知识治理是知识管理活动的一种制度保障，是在制度层面上对知识行为的引导、激励和约束，以维护知识活动各方的利益平衡、促进知识活动效益的最优化（李维安，2007）。

跨项目学习发生于项目型组织，依托于项目实施实践而开展，是两个项目的实施团队之间进行知识转移与学习的活动。在跨项目学习过程中，可能存在知识转移与学习主体参与动力不足、组织激励欠缺、项目团队之间缺乏信任等问题，因而也需要治理。因此，本书借鉴知识治理理论研究成果，分析和探讨跨项目学习的治理机制。

三、期望确认理论

期望确认理论（expectation confirmation theory，ECT）源于学术界对消费者满意度的关注，最早由奥利弗（Oliver，1980）提出，用于研究消费者对产品的满意度和重复购买行为。其核心内涵是：消费者会将购买产品和服务之前形成的期望与购买使用后产生的认知进行对比，得到期望确认水平，进而形成购买后的满意度。这个满意度影响再购买的态度，并最终影响其再购买的意愿。

期望确认理论认为，消费者持续购买行为主要有以下步骤：第一步，消费者在购买产品或服务前会形成一个期望。第二步，消费者使用这种产品或服务一段时间后会形成一种感知。第三步，消费者将使用后的感知与购买前的期望进行对比，期望的确认结果包括正面不确认、正面确认和负面不确认三种情况。正面不确认是指消费者初次使用产品或服务后的感知绩效超过了之前的期望；正面确认是指感知绩效等于期望；负面不确认是指感知绩效低于期望。第四步，消费者根据期望的确认程度形成满意度，正面不确认和正面确认都会提升消费者满意度，负面不确认则会降低满意度。第五步，满意度会对消费者持续购买的意愿产生影响，即满意度高的消费者会再次购买该产品或服务，满意度低的消费者则会停止购买。可以看出，在期望确认理论中，满意度是影响人们对某一重复行为进行决策的主要决定因素，一段满意的体验对用户持续意愿的维持具有重要的促进作用。用户的满意度越高，其做出重复决策的意愿就越强烈。

期望确认理论被广泛应用于研究用户的重复决策，研究领域涉及市场营销、信息系统、在线学习等，研究内容包括消费者的重复购买意愿、信息系统的持续使用意愿、服务和应用的持续使用意愿等。学者们根据实际研究问题对期望确认理论加以改进和拓展。例如，帕特森等人（Patterson et al.，1997）将期望确认理论应用于研究管理咨询服务（如项目管理、工程、运作等方面的服务）的持续购买意愿。邱吉尔和苏普瑞南特（Churchill and Surprenant，1982）对期望确认理论进行拓展，将消费者初次使用产品或服务后的感知形成的产品绩效引入该模型，如图2-5所示，认为期望、绩效、确认和满意度共同影响持续购买意愿。

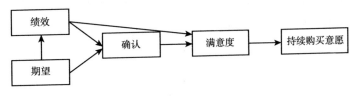

图 2-5　期望确认理论（ECT）

巴塔切吉（Bhattacherjee，2001）认为，消费者重复购买行为与信息系统领域的持续使用极其相似，因而将消费者对产品或服务的重复购买意愿类比为用户对信息系统的持续使用意愿，并提出了信息系统持续使用模型（expectation-confirmation model，ECM），如图 2-6 所示。该模型亦称为信息系统领域的期望确认模型（ECT-IS）。巴塔切吉关注消费者使用产品或服务后的感知，因而在模型中引入感知有用性这一变量，认为用户持续购买使用意愿主要是由满意度决定，而满意度是由确认度和感知有用性共同决定的。

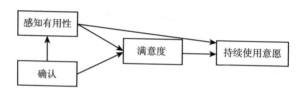

图 2-6 信息系统领域的期望确认模型（ECM）

期望确认理论及其延伸拓展的持续使用模型在市场营销、信息系统、互联网、虚拟社区等领域得到了广泛应用。例如，哈里发和刘（Kalifa and Liu，2007）在巴塔切吉（2001）提出的信息系统持续使用模型基础上，研究了网络购物经验和感知有用性对消费者购买满意度，进而对消费者重复购买意愿的影响路径。刘振华（2017）基于期望确认理论模型，探究了影响消费者持续使用移动购物意愿的因素。研究发现，期望确认度、满意度、自我效能感、感知有用性、感知愉悦性均会直接或间接正向影响持续使用意愿。刘勃勃（2012）基于期望确认理论，探讨了老年人持续使用互联网的影响因素，发现感知有用性、感知有趣性、感知易用性等对老年人持续使用互联网的意愿产生影响。江源（2014）基于期望确认理论研究发现，期望确认、感知有用性、感知服务质量和满意度对虚拟社区用户持续使用意愿产生影响。研究得到，期望确认、感知有用性和感知服务质量通过用户满意度的中介作用，间接影响用户持续使用意愿；同时，期望确认直接影响感知有用性，并受到感知服务质量的直接影响。

部分学者将期望确认理论用于在线平台用户持续学习的研究，尤其是用于对虚拟社区用户持续知识共享影响因素的研究。例如，陈（Chen，2007）基于期望确认理论，采用追踪研究的方法，分析了知识质量、系统质量、社会交互等变量对专业虚拟社区用户持续使用意愿的影响关系。库尔卡尼等（Kulkarni et al.，2006）通过实证研究得到，感知知识有用性对知识接受方的满意度和知识再用频率均具有显著的正向影响。何和魏（He and Wei，2009）借鉴期望确认理论等，从知识贡献者和知识搜寻者两个方面实证研究了持续知识共享的影响因素，即研究了期望确认水平、知识贡献信念、满意度、态度、意愿对知识管理系统持续使用的影响关系以及期望确认水平、知识搜寻信念、满意度、态度、意愿等对知识管理系统持续使用的影响关系。周等（Chou et al.，2010）以中国的大陆和台湾地区在线社区为例，运用拓展的期望确认理论，研究了在线社区用户持续知识创造意愿的影响因素。邱等（Chiu et al.，2011）以期望确认理论与公平理论为基础，研究了知识质量、自我价值感、社会交互及分配公平等变量对虚拟社区用户知识共享满意度，进而对用户持续知识共享意愿的影响关系。金等（Jin et al.，2013）、关和邓（Guan and Deng，2013），运用期望确认理论，探析了用户在社会问答社区中持续回答他人提问的动因和影响因素，结果都得到，满意对用户的持续回答意愿具有显著的影响关系。赖和杨（Lai and Yang，2014）基于期望确认理论构建研究模型，分析了人们持续编辑维基百科内容的动因和影响因素。达甘和阿克科云卢（Dağhan and Akkoyunlu，2016）借鉴巴塔切吉（2001）基于期望理论提出的信息系统持续使用模型以及其他信息技术持续使用模型，构建了学生持续使用在线学习平台的意愿的影响因素模型。这些因素包括结果期望与感知价值、信息质量、系统质量、服务质量、满意度与期望确认程度，并以四百多名接受测试的大学生为样本，作了实证研究。

李力（2016）以期望确认理论为基础，构建研究模型，内容涉及知识搜寻方的知识增长、心流体验和知识搜寻自我效能对知识搜寻用户满意度，进而对用户持续知识搜寻意愿的影响关系，知识贡献方的知识增长、心流体验和知识贡献自我效能对知识贡献用户满意度，进而对用户持续知识贡献意愿的影响关系，感知社区有用性对用户持续知识搜寻意愿和用户持续知识贡献意愿的影响关系，以及互惠在用户持续知识搜寻意愿与用户持续知识贡献意愿之间的中介作用。李力和张晋朝（2016）运用自我感知理论、期望确认理论，研究了虚拟社区用户持续知识搜寻意愿的影响因素。结果得到，虚拟社区用户的知识搜寻经验对用户的知识增长、心流体验和社区有用性的内在感知具有显著的影响关系。这些内在状态感知变量又进一步影响用户在社区中搜寻知识的满意度，进而影响用户在社区中的持续知识搜寻意愿。

崔春阳等（2017）经研究发现，满意度、确认、感知有用性和心流体验会对大规模开放在线课程（massive open online course，MOOC）用户持续学习意愿产生直接或间接的正向影响。蔡爱丽（2017）基于期望确认理论，研究了高职院校学生对小规模私有在线课程（small private online course，SPOC）的持续学习意愿的影响因素，发现期望确认度、感知有用性、感知易用性、SPOC 制作质量、同伴效应和学习欲望对学生 SPOC 持续学习意愿起到直接或间接的影响效应。

四、社会认知理论

社会认知理论（social cognitive theory，SCT）作为心理学领域的一个较为成熟的理论，强调社会环境和个体认知都会影响个体行为，描述了社会环境、个体认知和个体行为三者之间存在的因果关系（Bandura，1978；Bandura，2001）。这一理论使人们对三个要素之间的内在关系形成更深刻的感知和理解。因此，社会认知理论作为一种基础理论，在组织管理、计算机应用、教育等多个领域得到广泛的应用（Wood and Bandura，1989；Brown，2003；周文霞和郭桂萍，2006）。本书研究认为，参与主体在跨项目学习中扮演着非常重要的角色，是直接影响该学习活动取得成效的一个关键因素，因而必然涉及主体与该学习活动的认知和行为。另外，跨项目学习活动依赖于组织和项目情境而展开，也必然受到这些情境因素的影响。所以，社会认知理论能为解释情境因素、主体认知、主体行为之间关系提供良好的理论基础。

（一）社会认知理论的基本观点

社会认知理论是由美国著名心理学家班杜拉（Bandura，1978）提出的，用于研究个体行为的理论。这一理论论述了环境、个人和行为这三个因素之间的交互作用。其中，环境因素指个人所处的外部环境，个人因素主要指个人内在的认知因素，行为因素指主体的行动。该理论强调个人认知在这一交互作用中的重要性，已引起了人们广泛的重视和研究。

社会认知理论是班杜拉对个人决定论、环境决定论等一些解释人的行为的主流观点进行批判和剖析的结果。个人决定论认为，有意识的需求、内驱力、冲动等内部认知因素是驱动个人行为的主要动力，因而也被称为驱力理论。但班杜拉认为，这一理论存在两个缺点：一个是个人决定论中的内部因素是从其所要说明的行为推测而来的，如成就动机是从成就行为中演绎过来的。这导致个人决定论虽能解释发生在过去的行为，但不能预测未来的行为；而能否预测未来恰恰是一种理论具有说服力的重要支撑点（张爱卿，2006）。另一个是个人决定论把个人行为简单化，忽视其复杂性。这是因为，个人行为是随着环境、时间和对象而发生变化的，而不只是因为人的需求、冲动等内在因素而变化的。

环境决定论则与个人决定论相反，认为外部环境是个人行为发生的决定因素。班杜拉认为，这一观点虽有合理之处，但也存在不足。这种理论把人视为被动的存在物，机械地受环境因素的制约。这一观点的一个推论是个人行为必然随环境的变化而变化，其实，个人行为很大程度上受到自身认知的影响。此外，还有一些学者认为，个人行为并不是由个人自身的内在认知或外部环境单独决定的，而是由这两个因素相互作用决定的。

对于个人、环境和行为之间的关系，班杜拉在总结和分析了学者们的不同理解之后，将其细分为三种观点：第一种观点认为个人和环境相互独立，它们都单向地作用于个人行为；第二种观点认为个人和环境相互作用、相互依存，共同作用于行为；第三种观点认为个人、环境以及行为三者交互作用。1978 年，班杜拉提出了环境因素、个人因素和行为因素三者交互作用的关系模型（Bandura，1978），如图 2-7 所示。

图 2-7 是班杜拉的三元交互论观点，是社会认知理论的核心内容。其中，个人、环境和行为是三个关键要素，它们之间存在交互的

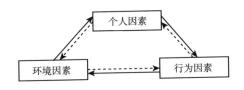

图 2 - 7　班杜拉的社会认知理论框架

因果关系。环境既会影响行为，也会影响个人认知，个人认知也会影响行为。行为执行的结果也会反过来影响个人认知，并对环境产生反作用。因此，环境、个人和行为三者之间是双向的交互关系。对三元交互论，班杜拉做了详细阐述。

1. 环境因素

社会认知理论也承认外部环境是会影响个人行为的一个重要因素。但是，与环境决定论不同，社会认知理论强调主体认知因素在环境与行为之间的中介作用。班杜拉认为，个人并不是自身所处环境的被动接受者，而是能够结合自身的期望水平发挥知识技能来调节外部环境的刺激，从而能够调控自己的行为。在这一交互因果系列中，个人认知承担着重要的任务，大部分外部环境通过个人认知对行为产生影响作用。比如，他人的示范行为是如何被注意和观察到、如何得到保持、如何得到组织以备后续使用等，都要依靠个人认知来实现。

2. 个人因素

在个人因素方面，尽管班杜拉及其合作伙伴分析了性别、年龄等要素会对行为产生影响作用（Bussey and Bandura，1999），但他们侧重于分析个人的认知因素，强调认知的重要性，认为认知是影响行为实现的一个触发因素（Bandura，1978，1981）。班杜拉对个人认知的论述很丰富，主要可归纳为两个方面：一个是个人认知能力，另一个是个人认知期望。

在认知能力方面，班杜拉及其合作伙伴将能力定义为会影响认知机制的稳定存在物或必要技能（Bandura and Schunk，1981；Wood and Bandura，1989）。具体而言，这些个人认知能力体现在几个方面：（1）将信息符号化的能力，即个体能够将通过观察他人示范行为得到的信息转化为符号，存储在大脑中，并加以接受和吸收。（2）预先思维能力，即个体具有主观能动性，能够预先想象好未来的情况，以此为目标，指导当前的行为。（3）自我反思能力，即个体能够反思自己的效能、行为的合理性及其效果，据此做出是否调整行为的决策。（4）自我调节能力，即个体能够依据计划、预期等自身内在因素，改变自己的行为导向，从而调节和控制自己的行为。（5）观察学习能力，即个体能够通过观察示范行为的方式快速地学习知识和技能，而无须亲自试错和冒险。

在认知期望方面，班杜拉从两个方面进行论述：一方面是结果期望，另一方面是效能期望。班杜拉认为早期的期望价值理论侧重于研究个人对执行某一特定行为所产生结果的预期。他也承认这一观点，因而将引入到社会认知理论中，并将之称为结果期望。结果期望会影响行为，当所有条件都是平等时，个体会选择能使积极结果最大化和消极结果最小化的行为（Bandura，1977）。因此，结果期望对于激发行为的执行是非常重要的，如果个人没有得到相应结果的激励，就不会轻易地执行某一行为（Bandura and Schunk，1981）。在后面的研究中，班杜拉进一步将结果期望细分为三种形式，即身体结果期望（如对心情愉快、身体健康等的预期）、社会结果期望（如对物质报酬、社会地位等的预期）和自我评估结果期望（即对自我满意程度的预期）。每一种结果期望的积极的一面都可被视为激励因素，调节或激发个体行为（Bandura，1997）。

　　与早期期望价值理论研究者不同的是，班杜拉还认为，个人的行为不仅受到结果期望的影响，还会受到对自身是否具备对完成特定任务能力的主观预期的影响。比如，学生选择主动学习，一方面源于其对取得好成绩的预期，另一方面源于其对自身学习能力的评估。班杜拉将这种个人对自身完成特定任务的能力水平的预期，称为自我效能感，也即效能期望（Bandura，1977）。他认为效能期望在调节个人行为上起着非常重要的作用，因而花了很多笔墨对此进行论述，用以解释个人复杂的内在动机。

　　个人的认知能力和认知期望在图 2 - 8 中的观察学习过程中得到鲜明的体现（Bandura，2001）。比如，在观察学习中涉及的个人认知能力有认知前概念（即认知基础）、认知技能等，认知期望主要是个体持有的偏好，如利益刺激偏好、社会比较偏好等。这两方面的认知要素是影响个人进行观察学习的重要个人（即观察者）特性。

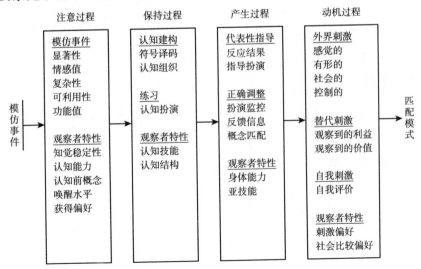

图 2 - 8　社会认知理论中的观察学习过程

3. 行为因素

对行为因素的研究，班杜拉侧重于讨论个人的观察学习。他认为，个人行为有两种不同的习得方式：一种是通过自身的直接经验获得行为反应，即"通过反应的结果而进行的学习"，简称为直接学习；另一种是通过观察他人的示范行为产生某种行为反应，即"通过示范而进行的学习"，简称为观察学习（Bandura，1977；Bandura，2001）。传统行为主义者强调个人主要通过直接学习获得行为反应，但班杜拉认为，大部分的个人行为得益于观察学习。这是因为，个人具有认知能力和观察能力，能够通过观察他人已有的行为及其结果来强化或修正自己的行为。通过观察性学习，个人能够避免重复试错带来的风险，因而能够避免他人走过的弯路。

具体地，观察学习是指通过观察他人行为及其结果，个人获得某些新的行为反应，或者个人已有的行为反应会在某种程度上得到修正。它经历四个过程：（1）注意过程，即个人对他人示范行为的关注；（2）保持过程，即个人将他人的示范行为以符号的形式储存在记忆里；（3）产生过程，即个人将记忆中的他人示范行为转化为自己的行为；（4）动机过程，当个人习得某一示范行为后，如果预期会得到奖励和强化时，就会把这种行为表现出来，否则会放弃这些习得行为。这四个过程联系在一起，整体上是一个从信息输入到信息加工再到信息输出的过程。观察学习的这四个过程如图2-8所示。

观察学习具有三个特点：首先，它不同于个人亲身经历的试错学习，个人只需要通过观察就可获得某种行为反应；其次，观察学习蕴藏着重要的认知过程；最后，观察学习不同于简单的、机械的模仿，个人能够在观察他人不同行为或经验之后，再对这些行为或经验进行整合，形成独特的、更优的行为方式，因而这种观察学习也被称为创造性学习（Bandura，2001）。

总之，班杜拉吸收了认知心理学的研究成果，强调个人因素对个体行为的影响作用；注重吸收社会心理学的研究成果，考虑环境因素也会对个体行为产生影响；个人因素与环境之间还存在作用路径，环境会通过个人对行为产生影响作用。班杜拉提出的行为、个人和环境这三个要素之间存在交互因果关系的思想是社会认知理论的核心贡献。班杜拉从认知角度论述了个体行为的触发因素及其运行机制的理论思维，为解释个体行为开辟了新思路和新视角。

后来，随着研究的深入，班杜拉对认知研究逐渐由个体层面扩展到团队层面，提出集体效能感的关键概念。班杜拉通过研究发现，与个人一样，群体同样具有效能感，它是群体成员对整个群体所拥有的用于完成特定任务的技能或知识的感知和评价。因此，他在《自我效能：控制的实践》一文中提出了集体效能感的概念，并对集体效能感做了较为系统的阐释，将其定义为"群体成员对群体成功地完成特定任务或取得特定成就的能力的共同信念"（Bandura，1997）。随后，集体效能感的问题引起很多学者的关注和研究，并已成为教育、社区、组织行为等多个应用领域中新的研究热点，社会认知理论也被应用于分析和解释这些领域的群体认知问题（Whyte et al.，1997；Brown，2003；Walumbwa et al.，2005）。班杜拉本身对集体效能感的研究以及其他学者对群体认知的丰富研究也都说明，同个体认知一样，群体认知是影响群体行为的一个重要因素。

（二）社会认知理论在知识管理领域的应用研究

近年来，越来越多的学者将心理学理论和社会学理论应用到知识管理领域，用于研究知识转移或知识共享问题。这些理论有如社会交换理论（Watson and Hewett，2006）、理性行为理论（Bock et al.，

2005)、计划行为理论（Ryu，2003）等，它们的确提供了扎实的理论基础。但是，与这些理论相比，社会认知理论在解释知识管理问题上更具优势（廖成林和袁艺，2009）。

一方面，社会认知理论强调个体因素对于行为因素的重要影响作用，认为个人因素不仅会直接影响行为，而且还对环境与行为之间的关系起中介作用。知识管理的核心要素是人，知识依附于人并通过人发挥效用。罗伯茨（Roberts，2000）认为，在成功知识共享的影响因素中，技术相关的因素只占20%，其他80%的因素都与人有关。据此推知，要有效地实现知识转移，不能仅仅依靠IT，要更多地依靠管理，通过管理策略发挥人的重要作用。知识管理的这一核心思想与社会认知理论强调个人认知重要性的核心思想相吻合。另一方面，社会认知理论具有很强的解释力。比如，社会认知理论中的结果期望可用于解释动机或意愿对行为的刺激作用（Zhang and Hiltz，2003）。该理论中的三元交互作用机理可用于解释任务特征等环境因素对行为产生影响作用的路径（Lin and Huang，2008）。也就是说，很多研究变量间的关系以及研究结论可以在社会认知理论框架下得到统一的解释。

因此，社会认知理论被不少学者应用到知识管理领域的相关研究中。在个体层面，林和黄（Lin and Huang，2008）结合社会认知理论与技术任务匹配理论，研究了知识管理系统使用的影响因素，并对192个使用者进行调研。实证结果是任务相依性、感知的技术匹配度、使用系统的自我效能感以及结果期望都对知识管理系统使用有显著的影响作用，其中自我效能感的影响作用最为显著。其他不少学者应用社会认知理论解释了知识共享行为，认为个体在虚拟社区分享知识是出于各种结果期望，如获取和丰富自己的知识、寻找其他帮助、结交朋友（Zhang and Hiltz, 2003），促进虚拟社区的知识库建设、运作与成长（Kolekofski and Heminger, 2003）等。邱（Chiu, 2006）也以社会认知理论为基础，对虚拟社区知识共享问题做了深入的研究。康波和希金斯（Compeau and Higgins, 1995, 1999）在应用社会认知理论的基础上，提出了与绩效相关的结果期望和与个人相关的结果期望，前者指对"个人行为对组织或团队绩效可能产生的影响结果"的预期，后者指对"个人行为对自己可能产生的影响结果"的预期。国内学者借鉴这两种结果期望，深入研究和分析了企业内部个体的知识共享问题（廖成林和袁艺，2009）。

第二节 跨项目学习研究回顾[①]

一、跨项目学习的研究视角

跨项目学习是一个以知识为核心的复杂学习过程，其中嵌入跨项目知识转移、跨项目知识共享等具体的知识管理活动，同时依托于项目实践而展开。因此，现有文献根据研究需要，从多个视角探索企业跨项目学习问题，这些视角主要有知识管理、组织学习、项目管理三种。

（一）知识管理视角

知识管理理论主要研究一个组织知识的获取、运用和创造等具体活动及其与组织绩效的关系。跨项目学习的实质是在组织内部不同项目之间开展各种知识学习活动，通过影响项目的知识存量与知识流量促进项目发展（Scarbrough et al., 2004），因而有部分文献从

---

① 赵大丽，刘闲月，李立望.企业跨项目学习研究回顾与展望［J］.山东社会科学，2017（4）：152 - 157.

知识管理视角探析跨项目学习行为。比如，纽威尔等（Newell et al.，2006）研究基于信息通信技术的项目文档等显性知识的跨项目分享；兰达埃塔（Landaeta，2008）检验跨项目知识转移对项目绩效的影响关系及其面临的挑战；卡恰托里等（Cacciatori et al.，2012）实证检验了基于编码化方式的跨项目知识转移的影响因素；赵等（Zhao et al.，2015）参照知识转移影响因素的理论研究框架，研究了跨项目知识转移的影响因素；科特努尔和兰达埃塔（Kotnour and Landaeta，2002）从广义角度理解项目间的知识管理活动，提出跨项目知识管理框架，包括组织战略、知识管理情境、知识管理操作（如知识的转移、创造、吸收、应用等）、知识管理结果，认为跨项目知识管理的操作受知识管理情境进而受组织战略影响，同时会产生相应的结果。

（二）组织学习视角

组织学习视角的研究强调从项目中学习和知识再用对于组织项目能力发展的至关重要性，学术界也越来越强调持续的跨项目学习和知识积累是企业在当今市场上保持竞争优势的最可靠基础（Mainga，2010）。纽威尔和埃德尔曼（Newell and Edelman，2008）根据行为主义和认知主义学习理论，将跨项目学习细化为经验积累、知识表达、知识编码化三个子活动，并分析它们对组织能力发展的影响作用。泽特维茨（Zedtwitz，2002）借鉴克里斯·阿吉里斯在《组织学习》一书中提出的单环学习和双环学习的概念和理论，分析项目后评估实践中项目团队的单环学习和双环学习过程。另有学者借鉴双元性理论（March，1991），研究不同的跨项目学习类型，如探索式跨项目学习和利用式跨项目学习等（Brady and Davies，2004）。大部分研究将跨项目学习视为一种行为，研究其影响因素和结果，这将在本节内容后面部分做详细分析。

(三) 项目管理视角

在项目管理知识体系中，早已蕴藏着跨项目学习的理念，只是早期尚未将其作为明确的概念提出。如前所述，国际标准化组织推出的项目管理知识体系 ISO 10006 （1997） 明确将 "项目管理经验总结" 作为独立的知识模块。美国项目管理协会推出的 PMBOK 指南 （2008） 将一个项目的范围变更控制输出文本作为该项目或执行组织其他项目历史数据库的一部分。可以看出，这些例子都是为了将一个项目实施过程中的习得知识积累下来，为后续项目选择使用，实质就是企业知识的跨项目转移与学习。国际标准化组织的这些规定说明，跨项目学习对于有效的项目管理是非常重要的。

关于项目管理，其理论观点具有发展性，包括传统项目管理理论和现代项目管理理论。基于这两种理论的跨项目学习研究的侧重点也有所不同。传统项目管理理论主要从理性决策角度思考项目的选择、组织、合同制定和行动计划的实践工具，强调在多种行动方案中择优，通过成本预算、项目期限控制、风险控制等手段使项目的成本和风险降至最低、收益达到最大（Floricel et al., 2014）。部分学者基于此思路，研究了项目评估实践中的跨项目学习问题。项目评估主要是对项目实施的成功经验与失败教训进行评估和跨项目分享，目的是从一个又一个项目中汲取有用知识以不断提升项目绩效。因而，跨项目学习也被称为跨项目改进（Antoni et al., 2005）。发生在项目实施过程中的里程碑事件和项目结束的最后期限都是促使人们进行项目评估和经验学习的重要时间点，前者有助于项目团队回顾和反思关于 "如何做" 和 "为什么" 的知识，后者更多地帮助项目团队总结 "是什么" 的知识（Newell et al., 2006）。为从项目后评估这一活动中学习有用的知识和经验，可采用文本挖掘等技术和手段（Choudhary et al.，2009）。佩特和维什纳维（Petter and Vaishnavi，2008）对软件企业的研究表明，项目经理工作经验的跨项目分享与再用有助于按计划实现预算、功能和质量等项目目标，被视为提高项目成功率的一个关键因素。

现代项目管理理论尽量避开制定原则以最优化计划、合同和图表的研究，越来越多地将项目作为嵌入不同社会情境的临时性组织，试图从社会学视角理解发生在项目中的社会关系、过程的具体性质（Floricel et al.，2014）。目前，如何将项目活动逻辑与其制度背景联系起来，是项目管理需要解决的一个基本问题（Morris，2013）。与此理论发展需求相对应，现有文献研究了发生在项目实施实践中的跨项目学习活动的制度安排，如朱利安（Julian，2008）研究了项目管理办公室对跨项目学习的促进作用；许等（Xu et al.，2008）提出了多个软件项目之间的跨项目协作框架，包括基于项目任务的资源安排。

从上面分析不难看出，知识管理视角的研究聚焦于发生在跨项目学习过程的具体知识活动，更倾向于探索该知识活动的短期效果（如项目绩效）。组织学习视角的研究强调跨项目学习活动的持续性，更多地关注该学习活动给组织带来的长期效应（如组织动态能力发展）。项目管理视角的研究更多地强调项目的嵌入性，侧重于分析嵌入情境（包括项目情境和组织情境）中的跨项目学习问题。因此，关于跨项目学习，知识管理、组织学习、项目管理三种研究视角具有相互补充的关系。当然，跨项目学习的理论基础是一个开放的系统，本书分析并不妨碍其他理论对跨项目学习的有用性。

二、跨项目学习的影响因素研究

由于跨项目学习的本质是知识资源在不同项目之间的流动和转移，跨项目学习过程中不可避免地嵌入跨项目知识转移、跨项目知识共享等活动。因而，本书对跨项目学习影响因素研究文献进行回顾的内容包含跨项目知识转移、跨项目知识共享等方面的研究。现有文献对跨项目学习影响因素存在较多的研究。其中，部分文献比较系统地分析跨项目学习的多个维度的影响因素。例如，菲茨克（Fitzek，1999）采用理论演绎方法，分析了跨项目学习涉及的多维度要素：组织维度，包括组织结构、组织文化等；知识维度，包括知识的模糊性、可获得性、可转移性等；人员维度，包括领导力、知识转移与决策权、激励结构与实践；工具维度，包括面向人员的知识管理工具和充当知识转移载体的信息技术。泽特维茨（2002）通过深度访谈认为，有四大因素会阻碍跨项目学习：心理阻碍（如记忆偏差、没有能力回顾或反馈）、团队缺欠（如内部沟通不足、愿意抱怨）、认知限制（如知识集成困难、过程知识的内隐性）、管理问题（如项目期限限制、官僚作风）。朱烨香（2009）构建了月牙模型，从知识源、知识接受方、知识本身、环境四个方面分析了项目间知识转移的影响因素，具体为知识源接受利益的程度和传授知识的能力、知识受体的知识搜寻和吸收能力、知识的显隐性程度和情境嵌入性、环境的组织形式和信息技术手段。刘静琳和李桂君（2010）基于知识共享理论与多项目管理理论基础，分别从组织因素、个体因素、人际行为、人力资源管理实践、项目经理风格等多个角度总结分析了项目间知识共享效果的影响因素。其中，组织因素包括组织文化、组织结构、信息技术；个体因素包括分享意愿和共享行为；人际行为主要指人际信任；人力资源管理实践包括激励制度、招聘、培训、岗位设置；项目经理风格包括监督型、协调型、指导型等多种领导风格等。赵大丽等（2011）通过初步案例分析得出，对于信息技术服务企业，知识特征、主体特征、知识转移方式、项目任务情境、项目团队管理情境这五方面的因素会影响跨项目知识转移效果。赵等（Zhao et al., 2015）通过深入的定量检验和案例研究发现，项目团队的跨项目知识转移能力与吸收能力、知识源项目团队与知识吸收方项目团队的知识治理努力、知识源项目团队与知识吸收方项目团队之间的关系、各项目紧迫性和项目间的任务相似性均对跨项目知识转移有复杂的影响作用。

其实，从上面的研究可以看出，跨项目学习的影响因素主要涉及知识特性、参与主体、学习方式、项目情境和组织情境五个维度。

（1）在知识特性维度，讨论最多的影响跨项目知识转移的知识特征是内隐性。例如，泽特维茨（2002）认为，在跨项目学习中，涉及的过程知识往往比产品知识具有较高的内隐性，不仅如此，过程知识的内隐性会增加企业内部的跨项目学习和知识集成的难度。纽威尔等（2006）通过案例研究总结出，项目实施过程也主要涉及项目过程知识和项目产品知识，前者多是偏隐性的动态的操作知识，如项目实施经验、项目沟通技巧等；后者多是偏显性的静态的知识，如一些陈述性的项目目标或对象。项目过程知识对不同项目而言，都具有某种程度的共性，可直接再用或借鉴利用到其他项目中；项目产品知识因不同项目各自具有的独特性，对其他项目的再用价值很小。这种与知识类型密切相关的内隐性会影响到跨项目知识转移与学习的效果。国内学者吴涛（2012）讨论了知识隐性与显性对新旧项目间知识转移的影响。

菲茨克（1999）认为，知识的可获得性和可转移性是进行跨项目知识转移的前提。知识可获得性是指接受方项目团队能够在合适的时间和地点采用合适的方式获取源项目的知识。知识可转移性是指在去除源项目情境后，所转移知识的含义发生改变或丢失的程度。换个角度而言，知识可转移性的对立面是所转移知识对源项目情境的依赖程度，即所谓的情境嵌入性。古继宝等（2006）采用博弈分析方法，对具有合作竞争关系的两个项目组间知识转移进行分析，指出项目组新获知识的价值、单位知识的转移成本、单位知识转移量对项目成本的影响值等会影响项目组间知识转移的积极性。

（2）在参与主体维度，主体因素涉及项目团队成员参与跨项目学习的意愿或动机、能力、付出的努力、团队间关系等。现有文献对跨项目学习的意愿或动机的讨论较为丰富。比约尔克格伦（Björkegren，1999）提出了认知性封闭概念，即项目团队成员根据自己的经验和知识，确立对开展跨项目知识转移可能性的先验性认知。当项目成员认为项目独特性会导致跨项目知识转移活动难以开展时，他的先验性认知就处在封闭状态，就不会去获取其他项目的知识。比约尔克格伦通过案例研究得出认知性封闭会阻碍跨项目知识转移的结论。在进行跨项目知识转移的意愿方面，迪斯特勒（Disterer，2002）认为，个人缺乏跨项目转移知识的意愿是 IT 企业跨项目知识转移的一个阻碍因素。纽威尔和克利吉（Newell and College，2004）的研究表明，项目团队对知识的感知需求是跨项目学习的一个促进因素，而对项目独特性的感知却是一个阻碍因素。纽威尔等（2006）的研究也证实，除非项目工作很紧迫，否则项目成员一般不会主动向其他项目团队获取和学习知识。兰达埃塔（Landaeta，2008）通过定量检验得到，项目成员参与跨项目知识转移的努力影响跨项目转移知识的数量，进而影响项目绩效。其他学者也都讨论了转移意愿、学习或吸收意愿都会影响跨项目知识转移活动的开展（Park and Lee，2014；Wiewiora et al.，2013；Khedhaouria and Jamal，2015；吴涛，2012）。

在主体能力方面，巴克等（Bakker et al.，2011）通过对 12 个知识转移项目案例的分析得到，知识接受方高水平的吸收能力是临时性项目与永久性组织之间知识转移成功的必要条件。国内学者吴涛（2012）讨论了基于时间轴的、纵向的知识转移，即新旧项目团队间知识转移，认为旧项目团队的转移能力、新项目团队的保持能力、吸收能力和获取能力会影响这两个项目团队间的知识转移。

除了知识源与知识接受方的意愿与能力因素，另有学者分析得出，参与者的领导力、声誉、决策权会影响跨项目知识转移活动开展的有效性（Fitzek，1999）。此外，知识源项目团队与知识接受方项目团队之间的关系状况也会影响跨项目知识转移。比如，邝宁华（2004）分析了团队间的强联系与弱联系对跨项目团队知识转移的影响。王彦博和和金生（2010）的研究分别显示，社会资本、团队间联系的强弱都会影响项目间知识转移效果。杜亚丽（2012；2015）构建了跨层次的项目社会资本对项目间知识转移的影响关系模型，并做了实证检验。楚岩枫和黄晓琼（2013）通过分析已有文献认为，团队能力、努力程度、学习知识投入等均会影响项目团队间知识转移的有效性。

（3）在学习方式维度，早期学者们对知识获取与转化方式的研究对跨项目学习情境具有借鉴作用。比如，部分学者将知识获取与转化方式分为编码化策略和个性化策略（Hansen et al.，1999），编码化策略和内隐化策略（Schulz and Jobe，2001），电子文档方法和个人建议方法（Haas and Hansen，2007）等。此外，库苏诺基和努马加米

（Kusunoki and Numagami，1998）在研究了一家大型的日本制造企业内部跨职能部门的技术转移后，提出了组合和互动的两种方式。扎克（Zack，1999）从知识整合与应用的角度，将组织知识共享方式分为集成应用和交互应用。其中，集成应用表现为外显知识通过知识库在个体和组织之间存储与提取的过程，交互应用主要聚焦于拥有隐性知识的个体之间的互动过程。

对于跨项目情境下的学习方式，青岛（Aoshima，2002）在实证研究后得出，跨项目学习主要有两种机制：一种是人员机制，即直接将源项目的团队成员调用到接受方项目；另一种是标准化机制，如文档转移。其中，人员机制更有助于复杂知识的跨项目转移与学习，而标准化机制更适合于简单知识的跨项目转移与学习。辛德勒和埃普勒（Schindler and Eppler，2003）将项目经验学习方法分为两类：一类是基于过程的方式，包括项目后评估、行动后回顾等。其中，项目后评估发生在项目结束时，行动后回顾发生在项目执行过程中，往往是针对某一重要事件或行为的习得知识进行回顾。另一类是基于文档的方式，比如，微文章学习、历史学习、蓝本回顾与收集等。安东尼等（Antoni et al.，2005）通过多案例研究发现，要避免有用项目经验的流失，一个组织需要采用多种战略来促进跨项目知识转移与分享，成功的战略如使用构建得很好的产品开发过程、专业的全时项目经理和产品模型化。纽威尔等（2006）的案例研究证实，与基于信息技术的文档传递相比，基于社会网络的人际互动能更有效地促进知识的跨项目转移与学习。因为这种方式有利于获取和学习有再用价值的项目过程知识（如项目实施经验）。纽威尔和埃德尔曼（Newell and Edelman，2008）经实证研究得出，经验积累和知识编码化对跨项目学习产生了显著的正向影响。其中，经验积累是指随着时间的推移，个人经验的隐性积累转化为项目间经验的隐性积累，并利用这种经验以渐进的方式改进实践；知识编码化是将隐性知识通过创建文档等方式的活动将知识表现出来，允许以后被他人学习利用。哈特曼和多雷（Hartmann and Dorée，2015）通过多案例研究，归纳出两大类跨项目学习方式：一是发送者/接收者方式，如工作文档转移、研讨会等；二是社会学习方式，如社会交互社区。

以上各种分类具有一个共性，即基本上都将知识转移与学习方式划分为基于文档传递的方式和基于人际交互的方式。这些方式同样应用到跨项目知识转移活动中。在纽威尔等（2006）的研究中，跨项目知识转移方式主要是基于信息通信技术的文档传递方式和基于社会网络的人际交互方式。

同时，以上跨项目学习方式具有一个共性特征，即基本上都可以归纳为汉森等（1999）提出的两类方式：一类是基于文档传递的编码化方式；另一类是基于人际交互的个性化方式。其中，编码化知识转移与学习是指一个项目产生的知识和经验通过纸质或电子文档转移和再用于另一个项目，个性化知识转移与学习是指一个项目产生的知识和经验通过人与人之间的交互活动转移和再用于另一个项目。这两类方式适用于跨项目知识转移与学习内隐性不同的知识。比如，索德奎斯特（Soderquist，2006）在研究不同的新产品研发项目之间的隐性知识转移时，主要采用的有工作轮换、密集沟通、共享背景知识等方式。纽威尔等（2006）的案例研究结果显示，基于信息通信技术的方法主要用于存储文档形式的产品知识；基于社会网络的方法可用于转移具有较高内隐性的项目过程知识。其中，产品知识是关于"是什么"的知识，过程知识是关于如何完成项目和为什么这样做的知识，是产品知识背后的原理性知识。由于每个项目都有其独特性，一个情境下的源项目所产生的产品知识不一定适用于另一个情境下的接受方项目，但这两个项目所采用的过程知识往往具有某种程度的相通之处。因此，在跨项目情境下，过程知识一般比产品知识更有用。当公司主要采用信息技术传递文档进行跨项目知识转移与学习，所转移的多是具有项目独特性的产品知识，从而不能取得预期的学习效果。所以，纽威尔等（2006）认为，基于社会网络的人际交互能够转移过程知识，因而能使跨项目知识转移与学习更有效。也就是说，编码化和个性化这两种跨项目知识转移与学习方式会影响跨项目学习效果，只是影响程度不同。

（4）在项目情境维度，项目情境是指跨项目学习赖以进行的源项目与接受方项目的相关特征。它是影响跨项目学习的一个重要因素。这是因为，跨项目学习具有典型的"项目化"特征（Meo et al.，2010），离不开项目情境的影响。因而，其情境要素至少包括项目情境和组织情境。根据文献，这些特征大致可分为项目任务特征以及项目资源特征。

跨项目学习的现有研究文献涉及的项目任务特征有项目间任务相似性、项目任务紧迫性、项目任务复杂性等。跨项目知识转移发生在两个不同的项目情境中，必然会受到项目任务特征的影响。项目任务是影响跨项目学习成功的一个关键要素（Schindler and Eppler，2003）。不同项目间的任务相似性是衡量项目任务特征的一个重要概念（Lewis et al.，2005），它主要指源项目和接受方项目各自所实施任务的共性程度。这种共性程度越大，意味着实施这两个项目所需的知识越相关。因而，跨项目学习取得成功的可能性也就越大。所以说，项目间的任务相似性会影响到跨项目学习效果，是成功进行跨项

目学习的重要前提（Dixon, 2000；Björkegren, 1999；Lewis et al.,
2005）。

项目紧迫性能够促使原本缺乏意愿的项目团队成员为完成任务
而跨项目获取和利用急需的知识（Disterer, 2002；Newell et al.,
2006），也会明显地影响项目成员报告项目进展和知识学习的效果
（Schindler and Eppler, 2003；Park et al., 2008）。对于项目任务复杂
性，青岛（2002）通过对日本手机行业的调查与研究发现，高端手
机产品的结构或系统较复杂、蕴含的知识元素较多，产品设计知识相
应地具有更强的系统化和情境化特性，此时采用项目人员转移能取
得更好的跨项目学习效果；而低端手机产品的结构较简单，蕴含的知
识元素较少，产品设计知识的系统化和情境化特性相对较小，此时采
用文档转移和高端计算机辅助设计系统等标准化的跨项目学习机制
则更合适。简而言之，针对不同复杂性的手机产品设计任务，需要采
用不同的方式机制才能取得预期的跨项目知识转移效果。即人员转
移机制更有助于复杂知识的跨项目转移与学习，文档转移等标准化
机制更适合于简单知识的跨项目转移与学习。恩格沃尔（Engwall,
2003）与哈特曼和多雷（2015）均指出，一个项目与以往项目之间
的共性或独特性等项目历史和情境是影响跨项目学习的一个重要
因素。

跨项目学习现有研究文献涉及的项目资源特征主要体现在知识
源项目和知识接受方项目在资源使用上的特点，讨论较多的是资源
相依性特征。即同一组织内部不同项目共享数据、信息、人员、软硬
件等资源的程度（Brown et al., 1998）。诺贝奥卡和库苏马诺（No-
beoka and Cusumano, 1994）通过对美国和日本 256 名汽车零部件设
计工程师的调研得出，不同项目之间的资源相依性有利于加强彼此

之间的沟通与协调，进而提升项目实施绩效。布朗等（Brown et al.，1998）的实证研究结果显示，资源相依性有利于促进不同项目间知识的转移与再用，从而为企业节省成本，带来经济学上所谓的规模效应。其他学者也认为资源相依性有利于知识密集型企业跨项目知识转移，进而提高工作效率和节约项目成本（Disterer，2002）。

（5）在组织情境维度，组织管理机制对跨项目学习起促进或阻碍的作用。良好的组织管理机制是推动知识转移活动顺利开展和完成的一个必要条件，因为成功的知识转移与学习往往需要组织采取一系列持续的管理努力来激励知识的分享与再用行为（Davenport and Prusak，1998）。也就是说，组织情境对知识转移与再用产生重要的影响作用。对于跨项目学习，现有文献涉及的会产生一定影响作用的组织管理因素包括组织的结构（如 Björkegren，1999）、制度（如 Cacciatori et al.，2012）、文化（如 Disterer，2002；Wiewiora et al.，2013）和技术平台（Soderquist and Prastacos，2002；Cacciatori et al.，2012）等。由于组织情境的相关研究的目的是在分析其影响作用的基础上，进一步探讨跨项目学习的治理策略。因此，详细内容在下面的跨项目学习的治理机制部分会进行阐述。

综上分析，跨项目学习的影响因素主要涉及：一是知识特性，如知识的内隐性、可获得性、可转移性、单位知识的转移成本、单位知识转移量以及项目组新获知识价值等；二是参与主体，如知识接受方的吸收能力、学习意愿、努力程度等，知识源的转移能力、转移意愿等；三是学习方式，如人员互动机制、标准化机制等；四是项目情境，如项目任务紧迫性、项目间任务相似性、项目间资源相依性等；五是组织情境，如组织结构、制度与流程、组织文化、信息技术等。汇总起来，如表 2-2 所示。

表2-2 跨项目学习的影响因素举例

维度	影响因素示例	文献来源
知识特性	知识的外显性、内隐性	纽威尔等(Newell et al.，2006)；泽特维茨(Zedtwitz,2002)
	知识的知识模糊性、可获得性与可转移性	菲茨克(Fitzek,1999)
	知识嵌入性	赵大丽等（2011）
参与主体（含主体认知）	项目团队的跨项目知识转移能力与吸收力；记忆力、回顾与反馈能力；吸收能力	赵等(Zhao et al.，2015)；泽特维茨(Zedtwitz,2002)；巴克等(Bakker et al.，2011)
	对知识的感知需求；知识转移意愿；学习意愿	纽威尔和克利吉(Newell and College,2004)；纽威尔等(Newell et al.，2006)；赫德豪里亚和贾马尔(Khedhaouria and Jamal,2015)
	项目团队进行跨项目知识转移的努力	兰达埃塔(Landaeta,2008)
	项目团队之间的关系、联系强弱、社会资本	赵等(Zhao et al.，2015)；杜亚丽(2012)；王彦博和和金生(2010)
	项目团队内部沟通等	泽特维茨(Zedtwitz,2002)
学习方式	人员转移机制与文档转移	青岛(Aoshima，2002)
	编码化机制（文档传递）和个性化的人际互动	纽威尔等(Newell et al.，2006)；赵大丽等(2011)
项目情境	项目独特性、项目历史	恩格沃尔(Engwall，2003)；哈特曼和多雷(Hartmann and Dorée，2015)
	项目任务紧迫性	纽威尔等(Newell et al.，2006)；赵等(Zhao et al.，2015)
	项目任务复杂性	青岛(Aoshima,2002)
	项目间任务相似性、项目间资源相依性	赵等(Zhao et al.，2015)
组织情境（含知识治理）	组织结构	比约尔克格伦(Björkegren,1999)
	制度与管控：管理规范、制度化治理、项目学习流程制度化	辛德勒和埃普勒(Schindler and Eppler，2003)；卡恰托里等(Cacciatori et al.，2012)；埃里克森(Eriksson,2013)
	文化：项目团队文化、种族文化、市场文化、相互信任	迪斯特勒(Disterer，2002)；维维奥拉(Wiewiora et al.，2014)；楚岩枫、黄晓琼(2013)
	技术：知识库，系统集成工具	索德奎斯特(Soderquist,2006)；卡恰托里等(Cacciatori et al.，2012)
	项目团队的知识治理努力	赵等(Zhao et al.，2015)

三、跨项目学习的结果研究

关于跨项目学习所产生的结果，现有文献涉及的研究主要可归纳为三个方面。

（1）研究跨项目学习的经济结果。例如，普伦西佩和退尔（Prencipe and Tell，2001）通过多案例研究，归纳得出经验积累、知识表达和知识编码化三种方式的跨项目学习结果和经济效益。王彦博、和金生（2010）分析了观念型和实践型两种跨项目知识共享的成本与收益随跨项目团队之间强弱联系的变化而变化的情况。从现有文献看，这方面的研究相对较少。

（2）研究跨项目学习与企业绩效的关系。例如，普鲁萨克（Prusak，1997）提出，跨项目学习能为项目实施团队提供快速而有效地获取所需要知识的渠道，使团队能够灵活应对新任务和新问题，因而有助于提高项目工作绩效。汉森（Hansen，1999）认为，通过知识的跨项目转移、分享与再用，企业可以提高工作效率、加速项目实施进程，从而提高项目绩效。纽威尔和埃德尔曼（2008）的研究发现，知识表达、知识编码化和经验积累这三种跨项目学习方式对项目绩效具有显著的正效应。兰达埃塔（2008）通过定量实证研究得到，项目团队成员进行跨项目知识转移的努力以及从其他项目获取的知识数量均与项目绩效显著正相关，但若努力程度过大，反而会阻碍项目计划和项目预算的有效执行。佩特和维什纳维（Petter and Vaishnavi，2008）经研究发现，一个掌握丰富的实施技术经验和管理经验的项目经理，在执行新项目时能够依赖过去经验确保项目按计划进行和满足预算、功能和质量目标。因此，他们认为，项目经理经验知识的分享与再用是提高 IT 项目成功率的一个关键因素。卡恰托里等

（2012）对创造性产业、高技术行业以及工程行业的 500 多个项目进行实证研究，结果显示，编码化跨项目知识转移与降低产品创新性之间并不存在显著的关系。曹和王（Cao and Wang，2014）的实证研究结果表明，跨项目学习会显著地影响供应链项目承包商与分包商之间的关系选择，进而影响供应链项目绩效。国内学者杜亚丽（2012）的研究表明，项目间知识转移对项目任务绩效和项目创新绩效均有显著的影响作用，且对项目任务绩效的影响大于项目创新绩效。

（3）研究跨项目学习与组织能力和组织成长的关系。例如，斯德隆德（Sderlund，2008）指出，相同或不同项目之间的知识共享是释放组织知识的一种重要方式，是项目型组织构建动态能力和竞争优势的不可或缺的一种项目学习活动。巴特扎吉等（Bartezzaghi et al.，1997）、查鲁杜博克（Charueduboc，2006）都提出，跨项目学习能有效提升组织的知识吸收能力，持续促进企业创新发展。斯卡布劳等（Scarbrough et al.，2004）通过研究发现，经常先后实施多个同类或不同类项目的组织，其知识和能力会不断积累，进而持续提升项目实施效果和企业创新绩效。布雷迪和戴维斯（Brady and Davies，2004）进一步区分不同类型跨项目学习的影响作用，案例研究结果得到，探索式跨项目学习有利于产生新解决方案和开拓新市场，而利用式跨项目学习更有利于已有项目知识的快速再用，它们的交互共同驱动着项目经验和知识在不同项目间得到集成、再用和保留，进而促进组织动态能力不断得到提升。纽威尔和埃德尔曼（2008）认为，跨项目学习是使公司日益惯例化知识得到释放和再用的一个重要途径。它能使企业具备比其他竞争者学习得更快的能力，被看成是企业增强组织动态能力和市场竞争优势的关键。因此，跨项目学习活动的开展是企业谋求不断成长和创新发展的重要途径。

四、跨项目学习的治理机制研究

知识治理是指组织通过采用合适的组织结构和治理机制对分散知识进行有效的"组织"和利用，目的是追求知识创造、知识转移、知识共享、知识积累等各种知识活动效果的最大化（Grandori，2001）。简而言之，知识治理聚焦于探索知识活动的组织制度安排。

知识治理机制是企业开展跨项目学习的一个重要影响因素，部分文献对此展开研究。例如，赵等（Zhao et al.，2015）将项目团队知识治理努力作为涵盖多维度治理因素的一个笼统概念，研究了其对跨项目知识转移及其效果的影响关系。从现有文献看，大部分文献具体地研究组织的结构、制度、文化和技术等对跨项目学习的各自影响关系。在组织结构方面，例如，比约尔克格伦（1999）认为传统的等级组织结构对跨项目知识转移起阻碍作用，而正式组织与项目型组织相结合的结构形式则能起到有效的促进作用。

（1）在制度与管控方面，辛德勒和埃普勒（2003）指出，从单个项目评估到持续的项目学习、制度化的项目学习流程、将学习和知识目标纳入项目阶段模型和项目目标中等，是企业跨项目学习的关键成功因素。卡恰托里等（2012）对创造性行业、高技术行业和工程行业的 540 个项目的研究证实，管理规范对编码化知识转移具有正向的影响，项目层面的管理控制、制度化治理是编码化跨项目转移知识效果的强有力的预测工具。但是，埃里克森（2013）的实证研究表明，对于探索性创新项目，正式控制会限制跨项目知识转移与学习的交互活动，进而抑制新想法的探索和转化。

（2）在文化方面，迪斯特勒（2002）提出，鼓励知识共享、提倡知识共享的文化会大大促进知识的跨项目转移与学习，而拒绝犯错的项目团队文化会起严重的阻碍作用。维维奥拉等（Wiewiora et al.，2014）通过多案例研究提出，种族文化、市场文化和不同项目成员之间的相互信任都会促进项目团队之间的交互与合作，进而有利于跨项目知识分享。哈特曼和多雷（2015）经研究得到，项目目标和项目整体愿景的导向性越强，对跨项目学习的促进作用越大，项目整体目标导向对跨项目学习的促进作用大于对项目内部学习的促进作用。国内学者楚岩枫和黄晓琼（2013）研究指出，领导层的支持能极大地鼓舞项目团队成员跨项目获取知识的积极性。这也是一种重要的文化氛围。

（3）在信息技术方面，卡恰托里等（2012）研究得出，用于集成分散知识的系统集成工具的使用能提高编码化跨项目知识转移的可能性，尤其是在动态多变的环境中，系统集成工具对于生产技术性复杂产品的行业的跨项目知识转移的影响作用更为明显。索德奎斯特（Soderquist，2006）认为，现代化的技术工具，如群件、内部网、知识集成与共享平台、计算机辅助设计系统等，都是跨项目知识转移不可缺少的，但传统的技术工具如知识库和专家系统，因一般只具有存储功能，所起的作用相对有限（Soderquist and Prastacos，2002）。但是，信息技术工具的使用离不开人，需要与人相结合，才能真正发挥效用。菲茨克（Fitzek，1999）提出，以人为中心的支持工具是企业跨项目知识转移有效开展的重要促进因素之一。纽威尔等（2006）通过案例研究得出，知识媒介能将不同项目的人连接到同一项知识上，协助作为知识接受方的新项目团队成员寻找和获取一些共性的、关于"如何做"的知识，因而在跨项目学习中起到重要的桥梁作用。

鉴于跨项目学习治理机制的重要性，现有文献作了一些探讨，从多个角度提出了相应的治理策略。例如，迪斯特勒（2002）指出，可设置"项目经验管理者"等职位，专门负责跨项目学习工作。索德奎斯特和普拉斯塔科斯（Soderquist and Prastacos，2002）提出，在组织设置中心知识管理部门、在职能部门设置知识管理单元以及根据项目将知识管理功能分权化，都是值得探索的跨项目学习的组织管理机制。安东尼等（Antoni et al.，2005）提出，为避免有价值的项目经验流失，组织应使用完备的项目产品开发流程、专业的全时项目经理以及产品模块化等多种策略推动跨项目知识分享。迈恩加（Mainga，2010）提出，可专门设置组织学习架构以推动跨项目学习，如制定相应的制度、程序和规则等。乔纳斯（Jonas，2010）认为，可通过平衡多个项目负责人、直线项目经理与高层管理者的权力和明晰各自的工作职责范围来促进多项目之间的学习，进而提高多项目组合绩效。赵等（Zhao et al.，2015）在实证研究后提出，为促进跨项目知识转移，可制定知识培训考核制度、设置知识中介人、营造鼓励知识共享文化氛围等。

第三节　组织学习影响因素研究回顾

组织学习的相关研究很丰富，围绕本书的研究主题，这里主要回顾组织学习影响因素的相关研究，为企业跨项目学习影响因素的探索提供基础。现有文献从不同视角，研究分析各种组织学习活动的影响因素。

部分文献侧重于从知识及个体的角度分析组织学习的影响因素。例如，葛京（2004）指出，战略联盟中组织学习效果的影响因素包括学习意图、获取知识的可能性和吸收能力等方面。王国顺和郑准（2009）认为，影响企业联盟内组织学习绩效的关键因素包括几个方面：知识特性、学习企业的学习意图、吸收能力、联盟双方知识基础的相似性、文化适应性、信任程度、联盟的结构、沟通机制等。刘敦虎等（2009）分别从知识特性、知识接受方、知识源、关系紧密度、联盟组织间的差异等方面分析了产学研联盟中组织学习的影响因素。其中，知识因素包括知识的模糊性、内隐性和嵌入性，知识接受方因素包括学习动机与意愿、吸收与挖掘能力，知识发送方因素包括知识传递能力、态度，联盟组织间的差异因素包括地理位置和知识基础的差异性。

朱少英等（2009）分析了组织学习中群体间知识共享行为的影响因素，认为这些因素包括群体间平均知识水平的差异程度、群体自身对知识的吸收转化能力以及知识共享风险。宋艳双等（2016）探讨了不同个体之间的知识距离对组织学习的影响关系，引入知识阈值的概念来界定知识距离的波动范围，认为当知识阈值较小时，个体所能理解的知识距离范围也较小，知识共享仅在知识结构非常相似的个体之间发生，并且个体学习效果不明显，由此导致组织学习水平处于较低水平；当知识阈值较大时，个体所能理解、接受的知识距离范围也较大，有利于知识结构不同的组织成员进行知识学习，由此扩大了知识交互的范围，促进组织学习水平的提高。

部分文献侧重于从组织的角度分析组织学习的影响因素。例如，孙卫忠等（2005）分析了组织结构、组织文化、组织技术环境等对组织学习与知识共享的影响关系，认为合理的组织结构能促进组织学习中的知识共享；组织文化是影响组织学习的关键外部条件，因为组织成员只有在彼此间信任沟通的文化氛围中才能进行有效的知识共享和动态学习；组织技术环境是组织学习与知识共享的基础。陈国权等（2014）探究了部门间关系对组织学习效果的影响，其中部门间关系包括部门间目标一致性、部门间建设性争论和部门间心理安全。经研究表明，部门间目标一致性能更好地激发各部门相互合作和学习的意愿和动力，促进各部门间信息和知识的共享；部门间建设性争论能够使各部门更高效地解决组织学习过程中所遇到的各种问题，提高组织学习的质量；部门间心理安全可以使各部门在合作和学习过程中放下顾虑，提升各部门间的信任程度，改善工作氛围。因此，这三种部门间关系会对组织学习能力和绩效产生积极的影响。雷妮（2016）实证研究了企业内组织信任关系对组织学习过程的影响路径，并将组织内部信任关系分为同事信任、组织信任和主管信任3个维度。实证研究结果显示，同事信任对组织学习过程的影响最为重要，对组织学习过程的每个环节均产生影响作用，尤其是在行动反思环节，当组织员工信任其他员工的承诺时，会促使其改变认知、进而改变行为方式；组织信任对组织学习过程有着较强的正向影响作用，员工对组织的信任会增强其对工作的安全保障感，从而促进学习成果制度化；主管信任对组织学习过程产生一定的影响，主管信任会使员工更加积极地参与知识分享过程。

　　部分文献侧重于从人力资源管理的角度分析组织学习的影响因素。例如，于海波等（2009）探讨了战略性培训、员工参与决策、绩效管理、薪酬管理对个体学习、团体学习、组织层学习、组织间学习、开发式学习、利用式学习这6个方面的组织学习的影响关系。研究结果显示，战略性培训产生的影响作用最大，对组织学习的6个方面都有较强的推动作用；员工参与决策和绩效管理对组织学习的影响较大，员工参与决策对团体学习、组织间学习、开发式学习、利用式学习 4 个方面产生明显的正向影响作用，绩效管理对个体学习、团体学习、组织层学习、开发式学习 4 个方面都具有显著的影响；薪酬管理对组织学习的影响最小，主要对组织间学习和利用式学习两方面产生促进作用；选拔与雇用对组织学习没有显著的推动作用。严杰等（2015）考虑了成员间的合作与竞争关系和组织内部人员调动对组织知识水平的影响，研究结果发现，竞争强度对组织知识水平的影响呈倒 U 型，组织知识水平先随着组织竞争水平的增加而增加，然而当竞争水平超过一定程度时，组织知识水平随着组织竞争水平的增加而减少；组织内部人员调动可以提高组织知识水平，尤其是在竞争强度较高的组织环境中，这种影响效应更明显。

部分文献从综合角度分析组织学习的影响因素。例如，张玉华（2014）指出，学习型领导、员工、机制、文化分别是组织学习的基石、主体、必要性和保障。这些都是影响组织学习有效性的关键性因素。宋艳双和刘人境（2016）构建了仿真模型，分别在阈值相同和阈值不同的情况下，证实了学习主体双方的知识距离是影响组织学习有效性的重要因素。刘畅（2017）基于资源依赖理论和组织学习理论，通过对吉林省汽车制造业企业调研，分别从宏观层面和微观层面识别出影响组织合作中弱势方学习能力的影响因素，包括战略目标和危机意识、信任程度、对彼此间核心知识资源接触的紧密程度、知识特性和企业内部员工素质、决策层介入、人力资源管理系统以及创新文化等。

综上分析可知，现有文献对组织学习影响因素的研究涉及知识、个体、组织、人力资源管理等多个方面。这些研究为本书探讨知识型企业员工跨项目学习影响因素提供良好的借鉴作用。

第四节　知识转移与再用影响因素研究回顾

跨项目学习与知识源的知识转移、知识接受方对知识的搜寻、采纳和再用等活动密切相关。知识的搜寻、转移和再用等活动的影响因素研究能为本书后面章节研究持续跨项目学习的影响因素提供启发和借鉴。因此，有必要回顾知识转移、知识搜寻与知识再用等活动的影响因素。

一、知识转移影响因素研究回顾

对于知识转移，不同学者基于不同的研究视角，给出的定义有所不同。大多数研究从沟通理论视角，将知识转移视为知识源将知识传递给知识接受方的活动（Szulanski，1996；Ko et al.，2005），强调知识转移包括知识发送和知识接受两个子过程，以及知识转移媒介和组织管理能力在知识转移过程中所发挥的作用。另外一些研究从知识转移影响知识接受方的角度，认为知识转移是拥有较少知识的接受方受到拥有更多知识的知识源的经验知识影响的过程（Argote and Ingram，2000；Kane et al.，2005），强调知识吸收与运用的重要性。还有一些研究从认知心理学的角度，将知识转移定义为如何将一个情境下的知识应用于另一个情境的过程（Singley and Anderson，1989；Björkegren，1999），强调情境在知识转移过程中的重要性。综合这些研究视角，知识转移可定义为在一定的情境下，一个主体（如个人、团队、部门、公司）采用一定的方式将知识转移到另一个主体并实现某种效果的过程（左美云等，2011）。

一般情境下知识转移影响因素的实证研究相对比较成熟，不同学者的研究角度不同，所关注的影响因素各有侧重。根据阿拉维和莱德纳（Alavi and Leidner，2001）的研究，企业知识管理系统涉及个体、团队和企业三个层面的知识活动。相应地，企业知识转移活动亦发生在个体、团队和企业三个层面。因此，从分析单元看，现有文献对知识转移影响因素的研究也涉及个人、（项目）团队、组织等层面。

（一）个体层面知识转移影响因素研究回顾

对个体层面知识转移的影响因素进行较系统的实证研究的典型例子要数苏兰斯基（Szulanski，1996）的研究。他同时考虑沟通过程和情境，较早地提出，影响组织内部最佳实践转移的因素包括所转移知识特征、知识源因素、知识接受方因素以及转移情境四个维度因素，并实证检验了这些因素与知识转移有效性之间的关系。其中，知识特征包括所转移知识的因果模糊性和未证明性，知识源因素包括知识源的转移动机和可信任度，知识接受方因素包括知识接受方的吸收动机、吸收能力和保持能力，知识转移情境因素包括知识源与知识接受方之间的关系质量和组织情境。

苏兰斯基（1996）提出的研究模型为后续学者们分析知识转移影响因素提供了非常有益的参考。一个典型的例子是，蒂姆布雷尔等（Timbrell et al.，2001）将苏兰斯基（1996）的框架模型引入信息系统领域，以澳大利亚昆士兰州信息系统实施过程中发生的知识转移为调研对象，探索了阻碍组织内部最佳实践转移的相关因素。他们采用苏兰斯基提出的研究框架和研究方案，根据研究情境对研究变量的测量指标作相应的改动。在修改好测量指标后，这两位学者展开大样本调研和验证。结果显示，信息系统配置项目中的知识因果模糊性较小，对最佳实践转移的影响不显著，知识未证明性也只在信息系统上线阶段的影响关系才显著；知识源的不可信任性与信息系统实施阶段的知识转移显著负相关，知识接受方缺乏吸收能力和吸收动机也都是重要的阻碍因素，但知识源缺乏转移动机不是阻碍因素；知识源与知识接受方之间的紧张关系对信息系统启动、上线、实施和整合四个阶段中的最佳实践转移都没有产生影响作用；组织的良好制度、程序和文化对知识转移具有显著的正向影响关系，而信息技术的影响关系不显著，原因在于 IT 人员对信息技术平台比较熟悉，很少存在使用方面的障碍。这些研究结果与苏兰斯基得出的结论存在较大的差异。比如，蒂姆布雷尔等（2001）得到，因果模糊性对信息系统实施过程中最佳实践转移的影响比较小，接受方缺乏获取知识和吸收知识的动机所起的阻碍作用较大，实施贫瘠的组织环境所产生的阻碍作用最大等。而苏兰斯基（1996）却得到，阻碍组织内部最佳实践转移的前三大主要因素是知识的因果模糊性、接受方缺乏吸收能力和主体间的紧张关系。可见，不同领域不同业务情境下，同一主题的研究结论存在差异。

古普塔和戈文达拉扬（Gupta and Govindarajan，2000）基于沟通过程与信息理论的视角，提出影响知识转移的五个关键要素：对知识源知识价值的感知、知识源的动机倾向、知识转移渠道及其丰富度、知识接受方的动机倾向以及知识接受方的吸收能力。与苏兰斯基（1996）的研究相比，古普塔和戈文达拉扬这两位学者对知识特征的关注侧重于知识价值感知，同时拓展影响因素维度，增加考察了知识转移渠道因素。卡明斯和腾（Cummings and Teng，2003）则将苏兰斯基（1996）、古普塔和戈文达拉扬（2000）等提到的各种影响因素视为知识转移的情境，在系统回顾知识转移研究文献的基础上提出，研发团队的知识转移会受到知识情境、关系情境、接受方情境和活动情境的影响。其中，知识情境包括知识的可表达性和嵌入性，关系情境包括组织距离、物理距离、知识距离和规范距离，接受方情境包括接受方持有的项目优先性和学习文化，活动情境指知识转移活动或机制，并采用定量实证研究方法检验了这些情境对研发团队知识转移的影响关系。康和永（Kang and Yong, 2014）探讨了影响知识转移的因素，研究发现知识接受方的信任、公司任期、感知专业性、关系强度、社交网络均对知识转移产生一定的影响。

国内学者张哲和赵云辉（2016）通过实证分析发现，顾客、员工、组织等社会资本的关系维、结构维和认知维都可以通过影响知识转移动机、机会、能力，间接影响知识转移的实施效果。张向先等（2016）研究得到，隐性知识转移的影响因素包括知识模糊性、嵌入性、专业性，知识主体的转移意愿和转移能力，企业转移环境的信任、文化氛围、激励制度、网络平台环境、转移网络结构等。

对于项目型组织，个人层面的知识转移研究主要是探索项目知识转移活动的核心人物或关键节点，以及如何促进个体间的项目相关知识的转移。其中，项目经理是项目知识转移的一个关键人物（Blackburn, 2002），处在 IT 项目网络的中心位置，在项目知识转移过程中扮演着重要的角色。此外，项目管理办公室中其他的主管技术、业务、生产等方面的管理人员也是项目知识转移的重要人物（Desouza and Evaristo, 2006）。鉴于项目经理及其他管理者对项目工作及其相关知识转移的熟悉程度和他们在企业知识网络中所处的重要位置，现有的项目知识转移实证研究多选择项目经理及其他主要负责人作为访谈和问卷调查的主要对象，由此获取的实证数据也被证实具有较高的信度。

对于如何促进个体间的项目知识转移，现有文献主要研究其影响因素及促进对策。比如，埃斯凯罗德和斯克里弗（Eskerod and Skriver，2007）基于对一家公司的深度案例研究发现，尽管公司采取一系列激励机制来促进五个全时项目经理之间的知识转移，但并没有实现预期结果，其可能的一个原因是公司内部的亚文化抑制了项目经理参与知识转移和经验共享的意愿。佩特及其合作伙伴也对项目经理间的知识转移作了较深入的研究。他们通过实验、案例研究等方法得到，软件项目经理的沟通、项目管理等"软技能"可以通过技术手段、经验分享等方式方法实现转移，以发挥项目经理经验的再用，促进项目成功（Petter and Vaishnavi，2008；Petter and Randolph，2009）。

（二）团队层面知识转移影响因素研究回顾

不少文献研究了团队知识转移的影响因素。例如，弗兰克等（Frank et al.，2015）采用文献研究与质性访谈资料分析的方法，系统地研究了研发团队之间知识转移的影响因素，从100多个影响新产品研发团队间知识转移的研发环境因素中提炼出16个主要因素，并将这些因素归纳为四个维度，即人员因素、技术因素、工作设计和外部环境。其中，人员因素细分为工作环境和开发团队能力两个维度，前者包括激励与个人兴趣、文化与组织气氛、人员管理的领导权力与组织战略，后者包括人员与技术方面的技能、团队管理实践、研究中心之间的关系；技术因素细分为技术架构和物理架构，前者包括信息通信技术和数据库集成、用户使用信息技术与数据库的可接近性、项目开发设备，后者包括工作地点配置和空间充足度；工作设计主要指产品开发管理，包括产品战略、结构组织和项目活动、新产品研发工作和方法的使用；外部环境指外在影响，包括与供应商等其他业务单元的关系、知识政策、人力资源与区域文化的形成。

乔希和萨克等（Joshi et al.，2004；Sarker et al.，2005；Joshi and Sarker，2006；Joshi et al.，2007）对虚拟情境下和面对面合作情境下的 IT 项目团队知识转移的影响因素作了较深入的系列研究。萨克等（Sarker et al.，2005）、乔希等（Joshi et al.，2007）侧重于知识源视角，对虚拟信息系统研究团队的实证研究结果得到，远程团队伙伴（即知识接受方）感知到提供知识的项目成员（即知识源）的可靠性、双方的沟通数量以及团队知识分享文化氛围都与知识源向知识接受方转移知识数量显著正相关；而且，知识源的可靠性还在双方沟通数量与知识源向知识接受方转移知识数量之间的关系中起调节作用；但是，知识源的信息系统开发能力和项目管理能力对其向知识接受方转移知识的数量之间并没有显著的影响，并没有在团队知识转移中发挥显著的影响作用。乔希等（2004）对面对面合作的信息系统研究团队的研究得到，同样地，双方的沟通数量对知识源向知识接受方转移知识数量具有显著的影响，知识源的信息系统开发能力和项目管理能力对其转移知识数量没有显著的影响；不同的是，知识源的可靠性对其向知识接受方转移知识数量有一定的影响作用，但明显较弱。

乔希和萨克（2006）侧重于知识接受方视角，对面对面合作信息系统开发团队成员知识转移的实证研究得到，知识接受方的吸收能力、知识接受方感知的知识源转移意愿、知识接受方与其他团队成员的沟通程度均与知识源向知识接受方转移知识数量存在正相关关系，但知识源感知到的知识接受方有意愿将其转移知识进行内化的程度对转移知识数量的影响不显著。

朱厄尔斯等（Jewels et al.，2005）分析认为，影响 IT 项目成员在团队内部进行知识共享的因素有项目成员认为知识共享是否有价值、是否被提供所需的资源（包括时间）、工作状态是否在变差、工作安全感是否在下降、是否会获得更多的自尊、是否会获得更多的知识、别人是否期望他们这样做、是否有提高项目成功的可能性、是否会有物质奖励9个方面的主要因素，并采用案例研究方法开发了相应构念的测量量表。

卡尔森和戈特采哈尔克（Karlsen and Gottsehalk，2004）通过实证研究证明，良好的项目团队文化对激发和调动IT项目成员参与知识转移的积极性具有非常重要的促进作用，知识的系统性对知识转移绩效有着显著的影响作用。与其他研究结论不同的是，知识的内隐性对知识转移的阻碍作用并不明显。彭正龙和陶然（2009）经实证研究得到，知识特性（简单嵌入、复杂嵌入和默会性）会通过影响团队认知能力（团队情绪、团队支持和团队智力）从而间接影响知识转移效果。

根据是否跨越不同项目，项目层面的项目知识转移研究可分为项目内知识转移研究和跨项目（或项目间）知识转移研究两大部分。在项目实施过程中，及时地将学习和产生的个体知识转化为项目团队知识是积累项目知识、提升项目管理水平的重要前提。同时，个体及时地从项目团队及其他成员获取有用的方法或方案以解决项目业务问题是提高项目工作效率的重要环节。因此，项目内知识转移研究文献主要探索的问题是，在单个项目内部，如何实现项目成员个体知识与项目团队知识之间的相互转化（Slaughter and Slaughter，2006；Eriksson，2013）。而跨项目知识转移研究文献更多地关注如何实现知识由一个项目向另一个项目转移（Landaeta，2008；Cacciatori et al.，2012）。在很多非正式交流、任务紧急等情况下，两个项目的实施团队往往通过电话沟通、现场沟通等方式，直接进行跨项目知识转移。

这种知识转移方式更快速、有效。此外，跨项目知识转移研究也会关注如何实现知识在项目与组织之间的转移（Disterer，2002），但这涉及企业层面的知识转移。也就是说，项目层面的知识转移研究与企业层面的知识转移研究存在一定的交集。从总体上看，项目层面的知识转移研究，尤其是跨项目知识转移研究，正日益成为项目知识转移研究的核心问题。跨项目知识转移的影响因素已在上面的跨项目学习影响因素研究回顾部分得到详细的阐述和分析。

（三）企业层面知识转移影响因素研究回顾

企业层面知识转移影响因素研究主要探索企业知识转移受到哪些因素影响。根据知识转移行为是否跨越企业边界，该方面的研究可分为企业内知识转移研究和企业间知识转移研究。企业内知识转移的相关文献主要研究了企业与项目成员个体、项目团队之间的知识转化问题，即项目型企业如何从项目成员个体和项目团队收集和积累有用知识、项目成员个体和项目团队反过来如何从企业知识库搜寻和获取所需知识以及该过程中的促进和阻碍因素（Disterer，2002；Bakker et al.，2011）等。从组织知识积累的角度看，跨项目知识转移需要借助组织知识库作为知识中介才能得以实现（Disterer，2002）。

企业间项目知识转移是指有项目合作和业务往来的不同组织在项目实施过程中进行的知识转移行为。现有文献研究了跨组织项目知识转移的影响因素。例如，巴克等（2011）基于对 12 个跨组织项目知识转移案例的对比研究，分析和归纳出影响跨组织项目知识转移成功的关键要素。高等（Ko et al.，2005）采用定量实证检验方法，深入研究了 ERP 项目实施过程中从顾问到实施用户知识转移的影响因素。这些因素包括知识因素、沟通因素和动机因素三个维度。结果显示，吸收能力、共享理解、紧张关系这 3 个知识因素，沟通编码能力、沟通解码能力、知识源能力这 3 个沟通因素以及知识源的内在动机、知识接受方的内在动机这两个动机因素都会对实施用户与顾问之间知识转移具有显著的影响关系。而且沟通编码能力、沟通解码能力分别通过共享理解和紧张关系的完全中介而作用于知识转移，知识源能力通过紧张关系的部分中介而作用于知识转移，另外，知识源和知识接受方的外在动机对知识转移的影响都不显著。

在国内，中国人民大学毛基业教授研究团队（邓春平和毛基业，2012；邓春平等，2015）深入调研了 IT 离岸外包项目中从海外客户到国内供应商的知识转移的影响因素，定量研究检验了海外客户的不同控制模式、供应商的吸收能力对 IT 离岸外包项目中知识转移的影响机制。结果发现，客户的正式控制对显性知识转移的影响作用强于非正式控制，吸收能力对隐性知识转移和显性知识转移产生的影响作用不同，对前者产生显著的、正相关的影响，但对后者无积极的影响作用，显性知识转移对隐性知识转移有积极促进作用（邓春平和毛基业，2012）。进一步地，通过案例研究方法分析了压力机制和组织惰性对海外客户控制与 IT 离岸外包项目中知识转移之间关系的影响作用，揭示了控制性和信息性压力机制对认知惰性进而对知识转移产生的不同影响，为解释正式控制对知识转移、外部环境压力对组织惰性的影响关系提供一个新视角（邓春平等，2015）。

尹洁等（2011）采用从制造企业已实施上线 ERP 项目关键用户调查得到的 152 份问卷，实证研究了 ERP 实施过程中从实施顾问到关键用户的知识转移的影响因素，发现 ERP 知识的内隐性和因果模糊性都与知识转移效果显著负相关。徐青（2006）研究了知识源的沟通解码能力和转移意愿、知识接受方的吸收能力、沟通编码能力和获取意愿对 ERP 项目实施中实施顾问与关键用户之间双向知识转移的影响。赵韵宇（2017）从主体、客体及环境 3 个角度分别探讨了影响建筑工程项目知识共享的因素，其中主体因素包括项目中业主、监理单位、总包单位及分包单位；客体因素包括知识属性，知识内容及知识的阶段；环境因素包括项目文化、团员信任、奖励机制及沟通平台等因素。

另有学者从社会资本视角，考察了德国某公司 IT 开发者与印度附属单位海外合作伙伴之间知识转移的影响因素，他们通过对一家大型的德国跨国公司的案例研究，提炼出社会资本、效能、结果预期对离岸外包中 IT 开发者的知识转移能力和意愿的影响关系理论模型，并解释了社会资本、效能、结果预期如何作用于和集成知识转移成功的三个交互作用环与自我加强环（Zimmermann and Ravishankar, 2014）

在影响机制方面，在企业系统实施项目中，有田野调查研究证实，在客户与实施顾问之间的相互信任对项目结果的影响关系中，知识转移起中介作用，也就是说，客户与实施顾问之间的知识转移对项目结果具有重要的促进作用（Ko, 2014）。特施等（Tesch et al., 2009）研究了信息系统项目的开发者与用户之间的共有知识对最终的项目实施结果的影响。基于问卷调查的研究结果显示，客户和信息系统开发人员所拥有知识的共性程度对项目成功实施的影响关系是显著正相关的，也就是说，信息系统开发者所拥有的应用领域的知识与用户所拥有的信息系统开发方面的知识之间的共性程度越高，对项目成功实施的影响越显著；同时，这一关系受到项目实施团队问题解决活动的调节，即团队在解决问题时的互动越多，项目实施得越成功。但是，这两种知识之间的冗余度过高，信息系统项目开发者与用户之间的知识交流就显得不重要。贝克等（Betz et al.，2014）采用专家访谈方法，对6个离岸外包软件开发项目中的知识转移进行实证研究后发现，语言障碍、文化差异、时差、方法和实践经历不同、设备和基础设施独特性等因素都可能阻碍知识转移，进而对项目整体成功产生负面影响。另有学者却研究得到，从海外客户到国内供应商的知识转移对离岸IT服务外包绩效的影响并不显著，但海外用户的正式控制对外包绩效却有直接的影响。

　　另有一些文献研究了IT服务外包中知识转移的阻碍因素。有学者通过理论分析和实证检验得出，转移主体的知识转移意愿不强烈、知识转移能力低、知识吸收能力低，所转移知识的内隐性高和复杂性高，以及知识转移平台构建不完善、知识转移渠道选择不恰当、知识转移规则不健全都可能带来知识转移风险，并探索了这些风险对企业创新绩效的影响路径（姚树俊和郭娜，2015）。另有学者认为，IT服务供应商可能存在机会主义心理而不花时间和精力去努力学习、吸收发包方发送的知识。这会导致在知识转移最后反馈阶段给发包方造成损失，并针对类似的风险提出了相应的激励机制（卢新元，2013）。

　　还有学者研究了转型企业从外到内的知识转移的影响因素，包括知识特性、（企业）主体因素、转移方式、转移情境。其中，知识特性包括内隐性、模糊性、嵌入性，（企业）主体因素包括企业的接收意愿、吸收能力、企业学习和激励机制，转移情境包括知识基础差异、关系强度、信任程度、冲突协调、沟通交流（叶舒航等，2014）。

　　因为知识转移活动可能在个人、项目团队和组织之间交互进行，企业间知识转移既可能发生在团队层面，也可能发生在个体之间。所以，有些文献的研究定位难以明确。总体上，从上面分析的研究可知，知识转移的影响因素是多维度的，尽管不同学者关系侧重点有所不同，但有共同之处。知识转移影响因素的研究较为丰富和成熟，综合已有研究可知，这些影响因素可系统归纳为四大维度，即知识特性、主体因素、转移活动（方式）和转移情境，如图2-9所示。实际上，各维度的因素对知识转移的影响路径是复杂多样的。比如，高等（2005）深入研究了知识源与知识接受方共享理解和紧张关系在沟通编码能力、沟通解码能力和知识源能力与知识转移效果之间的中介作用，戈罗瓦亚和温斯伯格（Gorovaia and Windsperger，2013）研究了信任在系统知识复杂性与知识转移机制之间的调节作用。因此，图2-9只是简要地展示知识转移影响因素的主要维度。

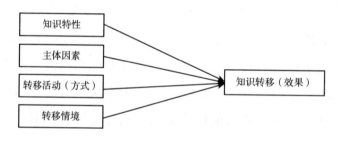

图2-9　一般情境上知识转移的影响因素维度框架

二、知识搜寻与知识再用影响因素研究回顾

由于知识接受方对所获取知识的再用程度直接影响到这些知识的再用效果，因此，现有文献对知识再用及其影响因素作了较丰富的研究。例如，库尔卡尼等（Kulkarni et al.，2006）实证研究了知识管理系统实施过程中知识共享与再用的影响因素，包括组织领导与激励机制的支持、知识内容质量、知识管理系统质量感知的知识共享

有用性和用户满意度。沃森和赫维特基于社会交换理论和期望理论，分析了企业内部知识贡献和知识再用的影响因素，涉及知识易获得性和知识价值等。赫德豪里亚和贾马尔（Khedhaouria and Jamal，2015）通过实证研究得出，项目团队成员的学习导向影响了他们在团队内部、组织知识库和互联网上的知识搜寻，而这些知识搜寻行为又进一步决定着知识再用效果。周等（Chou et al.，2015）认为，影响虚拟社区用户知识采纳的因素包括知识质量、来源可信度、知识共识和知识评级。周和徐（Chou and Hsu，2018）对关系虚拟社区知识再用的影响因素进行研究，分析了虚拟媒体技能、个人创新性、社会身份、团队规范等内外部因素对感知知识交换回报、感知身份确认，进而对知识再用和知识新用的影响关系。

张和姜（Zhang and Jiang，2015）研究了响应型与主动型的知识共享情境下知识吸收方的能力、学习态度及其与知识分享者之间的关系对知识分享者分享知识意愿的影响关系，并得到这些影响关系在两种情境下有所不同。贝克等（2014）研究了企业内部基于实践的电子网络中知识交换双方主体因素对所交换知识质量的影响关系。这些主体因素包括知识贡献者的声誉、合作习惯、团队身份，知识搜寻者的社会状态、渠道多样性和社会存在感，以及双方之间的互惠关系等。

穆等（Mu et al.，2010）在理论分析的基础上，采用仿真模拟的方法，研究了组织内部知识网络成员的知识吸收能力和知识扩散能力对网络中知识转移效率和效果的影响关系。许和马（Xu and Ma，2008）研究了企业资源计划（enterprise resource planning，ERP）系统实施中知识转移与学习的影响因素，包括知识源的沟通编码能力、转移意愿，知识接受方的沟通解码能力、获取意愿、吸收能力，以及双方之间的关系、项目优先度、转移活动等情境因素，双方主体因素通过作用于情境因素进而影响知识转移效果。

第五节　研究述评

从上面章节的研究回顾可知，现有文献已积累了关于组织学习、跨项目学习与知识再用的影响因素及治理策略的较丰富的研究成果。这些理论研究对我们理解知识型企业跨项目学习的关键影响因素以及知识治理策略，提供了良好的研究基础和有益的参考。但是，通过仔细思考发现，企业跨项目学习问题仍存在一些有待进一步丰富、值得进一步探索的研究空间，主要有以下几个方面：

第一，现有文献大多是对跨项目学习进行初步探索，对跨项目学习影响因素尚缺乏较全面的分析。对于跨项目学习影响因素的研究，现有文献多从知识因素、参与主体因素、学习方式和情境因素着手，分析其中的某个方面或某几个方面因素对跨项目学习的影响关系。但是，每篇文献的研究目的不同，往往聚焦于分析少数某几个方面的影响因素，因而所论及的影响因素相对零散。很少有文献对特定情境下的企业跨项目学习的影响因素作较为全面的分析与检验，从中提炼关键的影响因素，也少有文献分析这些关键因素之间的内在关系。尤其是国内文献，大多采用定性分析方法建立跨项目学习影响因素的理论模型，较少对各因素的影响关系及其作用大小进行实证检验，因而得到的研究结论往往缺乏实践指导作用。因此，有必要以某个特定情境下的企业项目运作实践为例，较系统而深入地分析跨项目学习的影响因素及其作用机制，以得到更为兼具理论和实践意义的研究结果。

　　第二，虽然以往研究强调了持续改进项目管理质量的重要性，但对跨项目学习的持续性及其影响因素的研究较为有限。尽管有文献研究了以前项目绩效的感知相关性对项目团队成员之间未来项目合作的影响关系（Schwab and Miner，2008），即涉及企业跨项目学习的持续性问题，但这方面的研究很少。在现有研究中，影响跨项目学习的因素主要归纳为以下几个方面：知识特征、主体因素、学习方式或渠道、项目情境、组织情境乃至产业情境。其中，作为参与主体的项目成员的主观认知是企业跨项目学习活动得以成功开展的一个核心因素。但是，现有文献对参与主体的认知尤其是参与主体的学习意愿的关注和研究不够深入，更未有文献研究项目成员对以前项目效果的感知对其此后的持续跨项目学习意愿的影响情况。

　　此外，从已有研究回顾中还可以看出，现有文献关于跨项目学习影响因素的研究更多地涉及内部因素，较少涉及外部因素。随着市场需求愈加多元，基于互联网的外部在线培训（如微信、慕课等）和外部线下学习活动（培训、研讨会、经验交流会等）等渠道越来越多，从外部获取知识逐渐成为企业员工弥补内部知识资源不足和解决工作问题的一种途径（Laursen and Salter，2006）。但是，未有文献研究外部知识有用性对企业员工持续跨项目学习意愿的权变影响作用。

　　第三，在知识转移与再用影响因素研究方面，文献大多将知识质量或感知知识有用性作为重要变量，这对我们的研究具有很好的启发作用。然而，虽有不少文献研究了知识转移与再用中知识源和知识接受方因素的影响关系，但这些研究中所涉及的影响因素更多是来自知识转移影响因素的研究框架，包括知识特性、参与主体因素、项目情境以及组织情境。但是，这些研究关注的是知识再用的频率，而非主体的持续再用意愿。同时，这些研究中涉及的知识再用情境大部分不是企业内部的跨项目学习情境。

第四，在期望确认理论的应用研究方面，很少有文献将该理论用于研究和探索跨项目学习持续开展的影响因素。很多学者将期望确认理论运用到信息系统、互联网等研究领域，分析持续使用、购买意愿的影响因素，少数学者研究了基于在线学习平台的持续学习意愿。虽有文献研究了知识搜寻和学习信念对知识管理系统用户和在线学习用户的持续使用意图的影响关系，但这些研究关注的是用户持续使用信息系统和在线学习平台的影响因素，而不是持续进行学习和知识再用的影响因素。据我们了解，目前尚未有文献基于期望确认理论，研究企业内部项目成员持续跨项目学习意愿的影响因素。缺乏连贯的理论解释，会限制我们对跨项目学习持续性的理解。因此，有必要基于期望确认理论，深入探究企业内部项目成员对跨项目学习持续参与意愿的影响因素。

第五，现有文献对企业跨项目学习的组织管理影响因素和知识治理策略的分析相对较为简单。虽有文献分析了企业跨项目学习的知识治理策略，以及组织管理机制对跨项目学习的影响作用，但这些研究大多只探讨这些组织知识治理策略所产生的直接影响关系。其实，组织知识治理策略与跨项目学习之间的关系并非都是直接的，可能会受到项目团队成员的能力、意愿等认知因素的影响；项目团队成员这些认知因素对跨项目学习效果的影响也并非简单，可能会受到组织知识治理因素的驱动或影响。因此，不能只研究组织知识治理策略、项目团队成员认知等因素与跨项目学习效果之间的直接关系，很有必要深入探究这些因素内部如何相互作用而影响跨项目学习效果，但这一问题在现有文献中尚未得到解决。

第六，从研究情境看，现有文献对中国情境下企业跨项目学习的影响因素及知识治理策略的研究并不多。在国内，学者们大多采用定性研究方法，基于已有研究，分析和构建企业跨项目学习的影响因素理论模型，提出相关的知识治理策略，较少采用定量研究方法进行实证检验。因此，这些研究的结论有待进一步验证，以增强其说服力和可靠性。在国外，学者们多采用案例分析或定量检验的方法，研究企业跨项目学习的影响因素和知识治理策略。但是，这些多是基于其他国家的企业项目知识管理实践而展开的实证研究，很少针对中国情境下企业项目知识管理实践进行深入的研究。因此，有必要研究中国企业实际运作中跨项目学习的影响因素及知识治理策略。

针对以上研究不足，本书将基于组织学习理论、知识管理理论、期望确认理论和社会认知理论，以及组织学习、跨项目学习、知识转移与知识再用的相关研究，采用案例分析和定量研究的方法，深入探索知识型企业员工进行跨项目学习的影响因素和知识治理机制。具体而言，本书将着重探讨以下几个方面的问题。

一是研究中国知识型企业跨项目学习的关键影响因素。借鉴组织学习理论和知识管理理论的核心观点、知识转移与跨项目学习影响因素的已有研究，构建跨项目学习的多维度影响因素理论模型，采用案例研究方法，以知识密集型的中国 IT 服务企业的项目知识管理实践为例，分析和识别项目成员参与跨项目学习的关键影响要素，为进一步研究知识型企业员工持续进行跨项目学习的意愿及治理策略打下基础。

二是基于期望确认理论，着重研究知识型企业员工持续跨项目学习意愿及其影响因素。借鉴期望确认理论的核心观点及模型，构建知识型企业员工持续跨项目学习意愿影响因素的研究模型，这些因素包括感知内部知识有用性、感知知识增长程度、感知内部知识易获得性、期望确认度和跨项目学习满意度。鉴于外部知识对于企业内部知识的互补性的日益显现，本书对期望确认理论进行拓展，进一步考察外部知识有用性对内部因素与员工持续跨项目学习意愿之间关系的调节作用。此部分采用定量研究方法，通过问卷调查收集大样本数据，并基于这些数据对研究模型进行实证检验。

三是基于社会认知理论，研究中国知识型企业跨项目学习的治理策略及其对项目团队成员认知的作用机理。本书将采用案例研究方法，以中国 IT 服务企业为例，分析和提炼企业跨项目学习的治理策略，以及这些策略通过影响项目团队成员认知进而影响企业跨项目学习效果的作用机制。

四是将对以上各部分的研究结论进行总结，梳理这些研究的理论意义，并提出相应的管理策略和建议。期望通过这些研究，能丰富跨项目学习的理论研究，提升中国企业跨项目学习研究的实践意义。本书还指出目前研究存在的局限性，提出未来的研究方向。

第三章　知识型企业员工跨项目学习
影响因素的初步探索

第一节　知识型企业与跨项目学习的内涵

一、知识型企业的概念

知识型企业源自研究者对知识创新和知识产业的探索。美国经济学家弗里茨·马克卢普（Fritz Mzchlup）在 20 世纪 50 年代就开始了对知识和知识产业的研究。其在 1962 年出版的《美国知识的生产与分配》一书中提出"知识产业"的概念，将知识产业分为五类：教育、研究与开发、传播业、信息设备和信息服务，并在此基础上建立起对美国知识生产与分配的最早的测度体系（马克卢普，2007）。竹内弘高和野中郁次郎指出，知识创新型企业不是一台机器，而是一个生物有机体，是一个开展知识创新、激励着企业不断创新的经营组织。[①] 在知识创新型企业中，知识创新并不只存在研发或营销部门，它可能存在任何人或任何部门中。德鲁克（Drucker，1993）在《后

---

①　[日] 竹内弘高和野中郁次郎. 知识创造的螺旋——知识管理理论与案例研究 [M]. 李萌译. 北京：知识产权出版社，2006.

资本主义社会》一书中指出，随着信息技术的高速发展，大部分企业将会逐步演变为由专家小组所构成的知识型企业。在知识型企业中，体力劳动和撰写文案的低层次员工将快速转向知识型员工，管理层级将减少1/2，管理人员将减少2/3，将由一个跨部门的专家项目团队来完成相关工作，依赖员工的自律意识去进行协调与控制。从此以后，知识型企业的概念大受欢迎，受到研究者们的广泛关注。

在国内，不少学者对知识型企业的相关问题展开研究，对该概念进行界定。方统法等（1999）认为，知识型企业可以分为两类：一类是以知识为对象，对其进行直接生产、加工和分配的狭义知识型企业；另一类是以科学技术为基础，对信息和知识进行生产、存储、使用和传播的广义知识型企业。綦振法和王春涛（2002）认为知识型企业的投资对象是知识，产品的主要价值也来源于知识。张学军和许彦冰（2001）认为，知识型企业不仅要依靠传统的工业产品，更要依靠销售知识才能生存，通过知识员工创造性、非模式化地解决复杂问题来满足顾客的特殊需要。李东（2006）认为知识型企业主要从事知识产品的生产、存储和新知识的创造，努力为知识创新提供良好的组织框架。

综合有关知识型企业的研究，本书认为，知识型企业是以知识作为第一生产要素，以科学技术为基础，致力于创造新知识、新技术的企业。

二、企业跨项目学习的概念

目前，国内外学者基于各自的研究立场，对跨项目学习的概念开展界定。兰佩尔和斯卡布劳（2008）认为跨项目学习是指发生在项目之间或项目与组织之间知识创造与知识流动的过程。斯卡布劳等

（2004）认为跨项目学习是组织内部不同项目之间开展各种知识学习活动的过程，并能通过影响项目的知识存量与知识流量有效促进项目发展，进而提高企业绩效。纽威尔和埃德尔曼（2008）认为项目内学习是指从项目中获取和创造知识，跨项目学习是指将此类知识转移到组织内的其他项目的过程。根据这些界定，本书认为，跨项目学习是一个长期学习过程，是发生在企业内部不同项目间的、共享知识资源、从已有项目中获取知识和经验的知识寻找、获取、消化吸收与再创造的活动，这一活动有助于实现各项目的任务目标和项目成员追求知识增长和能力提升的个人目标。本书用图 3 - 1 清晰地展示企业内部跨项目学习、项目内部学习与跨组织项目学习的区别，其中的项目 A、项目 B 和项目 C 外部的实线箭头部分即为企业内部跨项目学习活动。

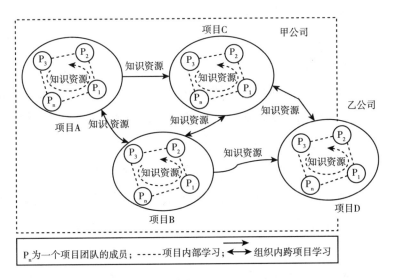

图 3 - 1　企业内部跨项目学习、项目内部学习与跨组织项目学习的区别

跨项目学习活动跨越项目边界，与项目内学习和跨组织或企业学习之间存在较大的差异，这可从图 3 - 1 得到鲜明的体现。企业内部的跨项目学习（图 3 - 1 中项目 A、项目 B、项目 C 外部的箭头部分）明显不同于项目内部学习（图 3 - 1 项目 A、项目 B、项目 C 内部的虚线部分）和跨组织项目学习（图 3 - 1 中项目 D 内的虚线部分），前者具有典型的跨越项目边界特征，后两者都局限于单个项目内部。其中，项目内部学习指知识和经验学习活动仅限于一个项目范围内，跨组织项目学习是指项目经验的获取与学习跨越组织边界（Lampel and Scarbrough，2008）。此外，参与跨项目学习的不同项目追求各自的目标，但在所用资源和所需知识等方面存在一定的相依性（Lampel and Scarbrough，2008；Teller et al.，2012）。这种存在于同一个组织内部、共享组织资源但又追求各自项目目标的跨项目学习行为是本书的分析对象，即图 3 - 1 虚线方框内实线箭头部分。

知识通用性是在企业内部不同项目之间开展跨项目学习的一个重要前提。也就是说，跨项目学习得以持续开展，一个重要的前提条件是不同项目所需知识具有一定的相似性。在跨项目学习中，知识接受方项目团队从知识源项目获取项目实施相关知识，并进行消化吸收和应用。这说明，知识源项目所拥有知识与知识接受方项目所需知识存在一定的相似性，或者说存在交集。以信息技术（information technology，IT）项目为例，每个 IT 项目通过实施后积累的经验和知识既涉及项目独特性知识，也涉及可供其他项目借鉴和再用的通用性知识。项目通用性知识是指脱离具体项目情境、具有普适性、可以被广泛应用的知识（Williams，2008）。每个 IT 项目都发生在特定情境中，其实施是一个不断解决新问题和提出新方案的过程，因而会形成具有很强情境依赖性、为该项目所特有的独特知识（Disterer，2002）。但是，迪斯特勒（2002）在深入剖析 IT 项目实践后认为，尽管每个 IT 项目解决的都是新的、涉及跨学科知识的任务，所产生的经验和知识也相应地具有创新性和独特性，这些经验和知识对 IT 服务企业内部其他项目的成功实施还是非常重要的。例如，第一次使用新软件工具后所掌握的知识，项目需求分析后所产生的洞察商业规则和捕捉市场机会的经验，与企业外部的项目干系人有效沟通的技巧，从某个 IT 项目实施中提炼出来的最佳实践等，都是通用性知识。对这些知识的学习与再用，将会大大地提高其他项目的实施效率，并非常有利于提高企业的市场竞争力。

在同一个 IT 服务企业，尽管不同 IT 项目的终端产品不同，但不同 IT 项目的实施程序有其共性之处，每个 IT 项目的实施都要经历项目需求调研、系统设计、系统实施、系统运行与维护等步骤。各个 IT 项目每个实施阶段使用的技术和实现手段会存在一定的相似性，或者说，不同 IT 项目的相同实施阶段所需的某些知识是相通的。通过对 IT 服务企业的实地访谈和调研了解到，只有当两个项目在任务上有合作时，即所需知识具有相似性和通用性时，这两个项目的实施团队才会相互交流和探讨问题解决方案。因此，知识通用性是企业进行跨项目知识转移的重要基础和促进因素（Williams，2008）。

对于具有相似性的知识，进行跨项目学习的主体是两个项目的实施团队及其成员。跨项目学习依托于知识源项目和知识接受方项目，其真正执行者是这两个项目的实施团队及其成员（以下简称知识源项目团队及其成员），以及知识接受方项目团队及其成员。由于在不同时间点上，对知识的跨项目学习往往是交互进行的，每个项目团队及其成员都有可能扮演这两种角色。比如，在某一时间点，A 项目团队向 B 项目团队转移知识，此时 A 项目团队和 B 项目团队分别是知识源项目团队和知识接受方项目团队；但在另一个时间点，A 项目团队反过来向 B 项目团队学习知识，此时，A 项目团队和 B 项目团队则分别是知识接受方项目团队和知识源项目团队。

跨项目学习的直接目的是实现知识的跨项目再用。单个项目团队的内部学习主要目的是通过促使项目实施所涉及的各领域知识在不同干系人之间流动，以更好地完成同一个项目。而同一个企业内部的跨项目学习则主要是为了使知识接受方项目能够借鉴和再用知识源项目的成功经验和失败教训，以便更快捷地、更高效地完成项目任务、实现预期的项目目标，甚至在此基础上进行知识再创造。

值得注意的是，跨项目学习不同于跨团队学习。这是因为，跨团队学习一般是指两个职能团队之间的知识转移，职能团队在团队结构、任务期限、工作过程以及地理位置等方面相对稳定，而项目团队是临时的、动态的，随项目的启动而组建，随项目的结束而解散（Wiewiora et al.，2009）。因此，与跨团队学习相比，跨项目学习显得更复杂。

三、企业跨项目学习的过程

跨项目学习是一个包含多个环节的复杂过程，不少学者曾对此展开分析。巴特扎吉等（1997）将跨项目学习过程分为项目内学习与项目间学习两个部分。其中，项目内学习通过计划、执行和检查等环节循环完成，项目间学习涉及旧项目与新开发项目之间的学习，通过知识的提取概括、具体化、传播、应用四个环节联结起来。普伦西佩和特尔（2001）认为跨项目学习过程包括经验积累、知识表达和知识编码三个环节。王能民等（2006）提出，跨项目知识转移过程包括知识发送和知识接受两个子过程，其中，知识接受方向知识源传递知识的需求、背景及情境等信息，知识源据此向接受方发送知识、信息和数据。然后，接受方的知识接受细化为知识背景研究、知识理解与知识获取三个子活动。李颖（2006）将跨项目团队知识共享过程分为知识寻找与知识转移两个子过程。王彦博和和金生（2010）将创新导向型项目间的知识共享过程分为知识寻找与知识转化两个过程。其中，知识寻找是知识接收者结合自身的知识差距，从外部搜索知识，识别各种知识共享机会，并努力促成共享意愿的达成；知识转化是在获得知识共享机会后，知识需求方与知识源之间进行知识的匹配、传递、接收、应用和反馈的过程。

　　跨项目学习过程的实现，具有内在的机制。从学习机制看，结合已有研究，下面列举三种跨项目学习的过程机制。第一种是基于驱动力的跨项目学习过程，如图 3 - 2 所示，与项目有关的知识，在人员、组织和工具的助推下，从过去项目（即知识源项目）转移到新项目（即知识接受方项目），并在新项目得到学习和利用（Fitzek，1999）。

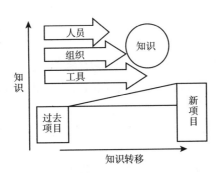

图 3 - 2　基于驱动力的跨项目学习过程

资料来源：Fitzek D. Knowledge management in inter-project learning: a systematic attempt of integration [D]. Linköping University, Sweden, 1999.

　　第二种是基于知识再加工程度的跨项目学习过程，如图 3 - 3 所示。对于较简单的知识，尤其是显性知识，知识接受方项目 B 的实施团队及成员能够借助文档等载体，从知识源项目 A 获取和转移所需知识，并将这些知识直接再用于项目业务实践中，这种跨项目学习行为被称为"经验复制与再用"。对于较复杂的知识，不管是显性的还是隐性的，知识源项目 A 的实施团队需要对这些知识进行解释，知识接受方项目 B 的实施团队不仅需要结合自身的经验和知识基础对其进行重组，而且这种解释和重组过程不断反复，最后将重组结果应用到项目 B 的业务实践中。这种跨项目学习行为被称为"知识解释与重组"。

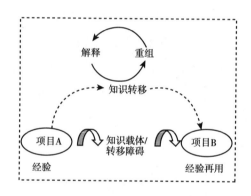

图 3 - 3　基于知识再加工程度的跨项目学习过程

资料来源：Björkegren C. Learning for the next project：bearers and barriers in knowledge transfer within an organisation［D］. Institute for Management of Innovation and Technology, Linköping University, Linköping, Sweden, 1999.

　　第三种是强调项目与组织交互的跨项目学习过程，如图 3 - 4 所示。这一过程分为"来"和"去"两个子环节，前者是正在执行的项目从过去项目和组织知识库获取所需知识的过程，后者是正在执行的项目将习得知识转移给下一个项目以及沉淀到组织知识库的过程。随着一个个项目的开展，这两个环节的持续交互使得项目习得知识不断得到"积累—利用—积累"。

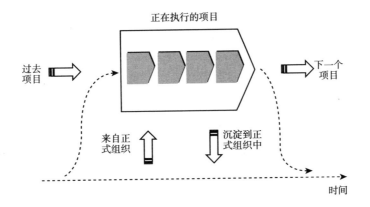

正在执行的项目

过去
项目

下一个
项目

来自正
式组织

沉淀到正
式组织中

时间

图3-4 基于项目与组织交互的跨项目学习过程

资料来源：Disterer G. Management of project knowledge and experiences ［J］. Journal of Knowledge Management，2002，6（5）：512-520.

此外，有学者将知识的可编码化程度与正规化程度相结合，提出以下多种跨项目知识共享与学习机制：制度化的人员机制、制度化的编码化机制、个性化的人员机制和个性化的编码化机制，并通过多案例研究认为，这些机制适用于不同情境（Boh，2007）。

跨项目学习过程的实现，需要借助于相关的方式方法和策略。例如，青岛（2002）通过实证研究认为，跨项目学习方式主要有两种：一种是人员机制，即知识源项目的团队成员参与知识接受方项目，将前者的项目知识转移和再用到后者，这种方式有助于复杂知识的跨项目转移；另一种是标准化机制，如文档转移，它更适合于简单知识的跨项目知识转移。辛德勒和埃普勒（2003）将项目经验学习方式分为两类：一类是基于过程的方式，包括项目后评估、行动后回顾等，其中，项目后评估发生在项目结束时，行动后回顾发生在项目执行过程中，往往是针对某一重要事件或行为的习得知识进行回顾；另一类是基于文档的方式，比如，微文章学习、历史学习、蓝本回顾与收集等。纽威尔等（2006）研究显示，跨项目知识分享方法主要包括两种：基于信息技术的文档传递方式和基于社会网络的人际互动方式。与前者相比，后者更有利于跨项目学习有利用价值的项目过程知识（如项目实施经验）。哈特曼和多雷（2015）通过多案例研究归纳出两大类跨项目学习方式：一是发送者/接收者方式，如工作文档转移、研讨会等；二是社会学习方式，如社会交互社区。可以看出，以上研究中提及的跨项目学习方式，实质都是相同的，即都是编码化机制和个性化机制（Hansen et al.，1999）。

四、企业跨项目学习的类型

研究视角不同，跨项目学习的分类亦不相同。从学习过程看，跨项目学习活动包含项目内学习和项目间学习两种活动（Bartezzaghi et al.，1997）。其中，项目内学习通过计划、执行和检查等环节循环完成，而旧项目与新开发项目之间的学习则通过知识提取概括、具体化、传播、应用四个环节联结起来。

根据一个项目结束与另一个项目开始之间是否存在时间间隔，跨项目学习可分为两种类型：一种是并行项目之间的学习，该学习活动所依赖的两个项目是同步实施的，不存在时间间隔；另一种是串行项目之间的学习，该学习活动所依赖的两个项目的实施在时间系列上具有明显的先后顺序，亦称为新旧项目间学习。相应地，并行项目间学习是指在一个项目还没结束之前，另一个项目从中转移、获取和学习知识的过程；串行项目间学习或新旧项目间学习是指一个项目已经结束，另一个新项目从中转移、获取和学习知识的过程（Nobeo-ka，1995；Nobeoka and Cusumano，1994）。这两类跨项目学习活动可用图3－5清晰地展示。有些学者基于这一分类，对跨项目学习展开研究。例如，艾伦（1965）重点分析了并行研发项目学习中灵感的来源及其效果。菲茨克（1999）认为跨项目知识转移是嵌入跨项目学习过程中、聚焦于知识的转移与获取的一个子活动，并讨论了并行项目间知识转移和串行项目间知识转移的过程。在国内，吴涛（2012）将前述的并行项目间学习称为横向的跨项目知识转移，将串行项目间学习称为纵向的新旧项目间知识继承，并强调企业的纵向跨项目知识继承对于提高项目成功率、促进企业长期知识积累进而促进企业高效发展，在某种程度上显得更加重要。

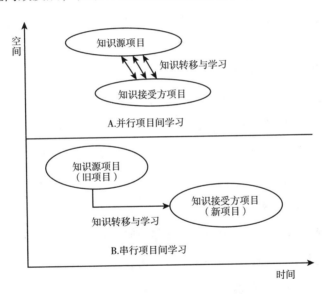

图 3-5 并行跨项目学习和串行跨项目学习

在具体的学习过程中，并行项目间学习和串行项目间学习存在一定的差异。第一，从知识流向看，并行项目间学习可双向进行，而串行项目间学习只能单向进行。这是因为，两个并行项目的团队在重叠的实施时间段内，可以直接交互，可以相互扮演知识源项目团队和知识接受方项目团队的角色，向对方转移或学习知识，而串行项目或新旧项目在时间上具有不可逆性，知识只能由旧项目转移到新项目，被新项目团队学习和消化吸收。为了便于理解，图3-5简化了并行和串行两种跨项目学习的知识流向。第二，从学习机制看，并行项目间学习和串行项目间学习所使用的方式或渠道也有所不同。两个并行项目的实施团队可以在同一时间段内，使用人员轮换、面对面沟通、文档、知识库等多种方式，交互转移和学习知识。对于串行项目间学习，旧项目的团队成员往往需要事先总结和整理项目知识（如编码化），将知识存入组织知识库，后续的新项目团队从中转移、获取和学习有用知识，这主要借助于知识库、专家库、人员转移等载体和方式来实现。在本书研究中，跨项目学习既涉及并行项目间学习，也涉及串行项目间学习。

与基于知识再加工程度的分类有点相似，部分学者基于马尔希（1991）提出的双元性学习理论，从利用已有知识和探索新知识的角度对跨项目学习类型进行研究。布雷迪和戴维斯（2004）研究了组织动态能力发展过程中探索式跨项目学习和利用式跨项目学习的演化问题，提出探索式跨项目学习是指新项目针对项目问题开展摸索性学习，以及将习得知识传递、扩散到其他项目并沉淀到组织的过程，这一过程也被称为项目导向型学习；利用式跨项目学习是指项目团队利用以前项目积累的知识解决当前问题的活动的过程，目的是加快项目绩效的提升和项目业务的拓展，这一过程涉及整个组织的业务战略，也被称为业务导向型学习。佩莱格里内利等（2015）的案例研究结果显示，项目型组织可利用项目群与项目的互补性实现探索性学习和挖掘性学习的统一，即采用战略管理方法在项目群内协调多个项目实现探索性学习，在项目群里的单个项目内部开展挖掘式学习以确保项目过程的正常实施和项目产品的交付。其实，

图 3 - 3 所示的基于知识再加工程度将跨项目学习分为"经验复制与再用"和"知识解释与重组"两种类型（Björkegren，1999），实质亦是基于利用和探索的双元思想所进行的分类。

从持续改善的角度分类，跨项目学习包括适应型学习和发展型学习两种行为（Antoni et al.，2005）。其中，适应型学习适用于项目的目标、任务、实施方法和前提条件都既定的情况，具有以方法为导向的、复制"方法"的特征，目的是"正确地做事"。发展型学习适用于项目任务和前提条件不是预先给定的、项目成员在很大程度上需要解读新任务、改变学习目标和前提条件的情况，具有以问题为导向的、创造性学习的特征，目的是"做正确的事"。这两类跨项目学习都是推动个人和整个组织持续发展必需的因素。

从知识输入和输出的角度分类，跨项目学习可分为吸收型学习和反思型学习（Scarbrough et al.，2004）。其中，吸收型学习是指项目团队学习、吸收、消化和再用以前项目的知识，以解决当前项目碰到的问题。反思型学习是指项目团队通过回顾和自我对话等方式，将在当前项目实施中所学习的隐性知识编码化，以供自己项目和其他项目后续使用。

跨项目学习必然涉及不同项目成员之间的知识共享。根据知识复杂程度和知识共享活动特征，跨项目知识共享可分为观念型知识共享和实践型知识共享（王彦博和和金生，2010）。其中，观念型的跨项目知识共享主要是对新思维、新观念等观念型知识的共享，偏向知识搜寻活动；实践型的跨项目知识共享主要是对具体实施方法等实践知识的共享，偏向知识转化活动。

五、企业跨项目学习的特征

从企业跨项目学习的概念可知，该学习活动容易受到各种项目相关因素的影响，其实现过程明显涉及不同层次的学习主体之间的知识交互。从目标看，企业开展跨项目学习的主要目的在于从短期上追求高效和优化的项目实施绩效，从长期上培育组织动态能力和提升企业的市场竞争力。相应地，企业跨项目学习具有明显的项目化、层次性和增值性等特征（Zhao and Zuo，2011）。

（一）项目化特征

由于跨项目学习的开展依赖于项目业务的实施，这一活动显然会受到项目时间紧迫性、情境依赖性、项目团队的临时性和动态性等项目相关特征的影响，这些特征被称为项目化特征（Meo et al.，2010）。因此，项目化特征是跨项目学习活动的一个明显的特征。项目化特征使得跨项目学习的知识、主体、方式、情境等各主要影响因素与一般情境下知识学习的影响因素有所不同。比如，跨项目学习的对象主要是在不同项目之间具有一定通用性的各种知识，包括关于项目、存在于项目和产生于项目的知识（Hanisch et al.，2009）；知识源项目团队和知识接受方项目团队必须具备跨项目人员互换学习、知识表达和知识编码化等能力（Newell and Edelman，2008）；所采用的跨项目学习方式更多地采用项目中期回顾、项目后回顾、集体培训与学习等（Schindler and Eppler，2003）；还有，跨项目学习除了受组织情境的影响外，还会受到时间紧迫性（Newell et al.，2006）、情境依赖性（Engwall，2003）等项目任务特性的影响。

很明显，跨项目学习的项目化特征是一把"双刃剑"。一方面，跨项目学习有助于企业提高项目实施效率，提升整体的项目实施能力和市场竞争力；另一方面，跨项目学习的深度在一定程度上会受限于项目化特征，这种特征会增加高内隐性知识的跨项目转移与学习难度。因此，如何克服项目化特征的不利影响，增强其有利的促进作用，是企业开展跨项目学习活动需要面对的一个重要问题。

（二）层次性特征

知识转移与学习的层次性指个人、团队和组织这三个层面之间的知识互动与知识整合（Alavi and Leidner，2001；Ajmal and Koskin-en，2008）。很明显，在企业跨项目学习活动中，嵌入着项目成员、项目团队和组织三个层面之间的知识互动与知识整合。本书以项目 A与项目 B 之间的知识转移与学习为例，分析跨项目学习的层次性特征，如图 3 – 6 所示。

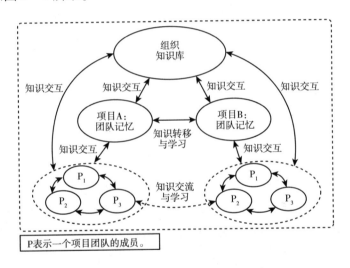

图 3 – 6　企业跨项目学习的层次性

在知识源项目团队 A 内，成员个体之间相互转移和吸收知识，共同创造了某一情境下的项目难题解决方案。进一步，当这些方案被证明有利于提升项目实施绩效后，经总结、记录，被存储下来，成为项目团队记忆（Alavi and Leidner，2001）。这一项目团队记忆在供团队内部成员访问和使用的同时，存入组织知识库，构成知识库中的历史经验知识。知识接受方项目团队 B 通过跨团队对话或访问组织项目知识库的方式，从组织知识库中获取所需知识，对其进行消化吸收，并应用于项目业务实践中。

在知识接受方项目团队 B 内部，项目成员将这些知识与自身知识相结合，进行相互交流与讨论，用于解决新的项目实施问题，甚至提出新的解决方案。这些新方案同样经过价值检验、总结、记录，转化为有用的项目团队记忆，并存入组织知识库中。当然，项目 A 的团队成员与项目 B 的团队成员之间也会相互共享和学习知识。

在整个过程中，企业不仅是个人知识和各项目团队记忆的集大成者，同时通过允许访问组织知识库的方式为个人和各个项目团队提供知识。因此，在企业内部的跨项目学习过程中，项目成员、项目团队和组织这三个层次不断发生着跨项目的知识交互与学习活动，使得企业知识状态呈动态螺旋式增长。

（三）增值性特征

增值性是指跨项目学习给企业带来经济价值的特性。根据知识基础观，一个企业实质上是一个巨大的知识池，里面的知识具有不同程度的核心价值性，有的知识能够对竞争对手构成基本的进入障碍，有的是竞争对手难以模仿和使用的，有的甚至能使企业获得长期的行业竞争优势（Li et al.，2010）。这些知识的共同作用是为企业创造财富和增加价值。在市场环境变化多端的现代经济形势下，知识价值性对于知识型企业而言，显得更为重要。而跨项目学习是提升和增强项目知识经济价值的一种重要途径。

根据知识效用大小，企业跨项目学习的知识大致有两类：一类是关于"是什么"和"在哪里"的项目产品知识，如关于一个项目的规模、系统类型、用户特征等描述性的项目产品知识；另一类是关于"怎样做"和"为什么"的项目实施过程知识，如已被证明能有效地解决疑难问题的最佳实践等知识（Newell et al.，2006）。第一类知识描述了知识源项目知识的适用情境，第二类知识则是知识源项目所产生的、丰富的实施经验。这两类知识的结合，构成了适用于特定情境的有用实践知识。

跨项目学习能够使接受方项目团队和成员及时地获取和借鉴技术或管理方面的有用知识，减少重复探索问题解决方案所花费的时间、精力、资金等成本，提高项目实施效率和质量，从而更好地满足用户需求和提高用户满意度。从长远看，跨项目学习活动的长期进行所带来的经验持续积累，有助于提高企业项目团队的项目能力，同时可避免"重新创造轮子"，进而节省大量的成本。因此，跨项目学习具有明显的增值作用，对企业扩大赢利空间和提高市场竞争优势具有重要的作用。

第二节　企业员工跨项目学习影响因素的案例研究设计

一、案例选择

作为一种研究方法，案例研究适合于对所研究问题知之甚少或试图对某个研究问题有全新的理解时，要构建和验证理论（Eisenhardt，1989；Yin，1994）。案例研究通过选择一个或多个案例，并深入和全面地实地考察，用收集到的数据分析和说明问题。由于本书研究知识型企业跨项目学习的实践问题，这类研究的实践性较强，基于实地的案例研究有助于了解真实情况，便于从中总结实践规律。另外，本书主要关注主体、情境等多方面因素对跨项目学习活动产生什么样的影响关系，属于典型的探索性质，因此采用案例研究，能够增强研究结果的可靠性和说服力。

案例研究主要有两个目的：一是验证理论；二是构建理论（Lee et al.，1999；Yin，2003）。理论验证型案例研究是基于事先提出的研究模型或理论主张，采用收集到的数据对模型或主张进行验证，因而强调理论在案例分析中的重要指导作用（毛基业和李晓燕，2010）。理论构建型案例研究无须有研究模型或理论主张的引导，甚至采用扎根理论思想（Martin and Turner，1986；Strauss and Corbin，1998）进行完全开放的探索性分析，最后构建出独特的理论模型。在本章研究中，开展案例研究主要是为了验证前面章节提出的研究模型和理论假设，解释有些假设得到或没有得到定量实证检验数据支持的原因，以及揭示 IT 服务企业内部跨项目学习的复杂影响因素，从中识别关键要素。因此，本章案例研究的主要目的是验证理论。

根据所选用案例数量，案例研究分为单案例研究和多案例研究。在单案例研究中，案例选择相对简单，主要选择能够带来不同寻常见解的单个案例。在多案例研究中，选择多个案例作为分析对象，案例选择往往关注是否具有复制逻辑，即把不同的案例当成实验，相互印证或推翻从不同案例中得到的结论，从而产生更具普遍性或更强健的结论（Eisenhardt，1989，1991）。单案例研究具有三个优点：一是单案例研究可更好地了解案例的背景，能够保证案例研究的深度（Dyer and Wilkins，1991）；二是单案例研究可以用于研究有代表性的典型案例，从这一案例中得出的结论将有助于加深对于同类事件的理解（Yin，2003）；三是单案例研究有助于捕捉和追踪管理实践中涌现出来的新现象和新问题，通过对案例深入剖析从而较好地检视研究框架中提出的问题（Pettigrew，1990）。因此，作为探索性案例研究，本章研究采用了单案例研究方法。

案例选择与研究目的密切相关。与大样本定量检验研究方法中随机获取样本数据的方法不同，理论验证型案例研究的目的是验证已有的研究模型。因而需要根据这些案例是否适合挖掘和发现各研究变量间的逻辑关系而选择和确定案例，需要从能够提供有理论见解的可能案例样本中选取有用的案例。本章在选择案例时，兼顾这 3 个原则，即案例的数据可获取性、典型性和研究便利性（彭新敏等，2011）。基于此，本章选择 K 公司房地产事业部作为案例研究的样本。下面简要介绍 K 公司的概况和作为案例研究的适用性。

一是案例数据可获取性。这是案例选择的一个重要因素（Yan and Gray，1994）。K 公司成立于 1996 年，是国内某著名软件厂商的北京分公司，经过 10 多年的发展，已拥有 200 多名员工，业务范围覆盖了金融、餐饮、房地产、物流、汽车等数十个行业。作为一家大型上市公司的子公司，其规范的制度保证了相关纵向数据的可获取性。

二是案例典型性。这是案例选择的另一重要因素（Esienhardt，1989）。选择 K 公司的房地产事业部，主要考虑到两个方面的典型性。其一是行业代表性。K 公司所处的行业是软件开发行业，是国民经济和社会信息化发展的基础行业，也是典型的知识密集型行业，切合研究的主题，便于相关研究工作展开。其二是企业代表性。K 公司的母公司是中国软件产业领导厂商，亚太地区管理软件的龙头企业之一，已经先后为世界范围内超过 80 万家企业和政府组织成功提供了管理咨询和信息化服务，拥有领先的技术和业界良好的口碑。K 公司房地产事业部作为公司新兴的部门，既继承了母公司的先进技术和既往实施经验，又面临着在陌生的行业开拓新业务的诸多复杂情形，具有一定的典型性。另外，选择一个独立的事业部而不是 K 公司或是其母公司作为分析对象，避开了一个过于庞大的研究对象，便于研究掌控。

三是案例研究便利性。案例研究的开展，必然需要考虑便利性（Yan and Gray，1994）。在本章案例研究中，主要从三个方面加以考虑。首先是调研活动便利性。研究组与受访对象同处于北京市，交通往来便利。同时双方关系良好，课题组此前和 K 公司有过交流，双方保持着良好的合作关系。其次是行业资料获取便利性。课题组与软件行业保持着密切的关系，便于获取行业相关资料和业界的最新动态。最后是公开资料获取便利性。K 公司的母公司于 2001 年在香港联交所上市，于 2006 年正式进入主板市场，各方面资料公开度都非常高。作为软件开发企业，其总公司和各分公司网站建设完善，便于获取资料。另外，作为国内领先的软件开发商和中国管理模式的推广者，K 公司的母公司经常受到媒体的关注和报道，便于多样化资料的获取和资料之间的相互印证比较。

二、数据收集与处理

（一）数据收集

本案例研究的正式资料的收集主要有纸质文档（公司内部文档和出版物）、公开出版物（含网页内容）和实地访谈 3 个途径。不同的资料来源构成了"证据三角形"，避免了共同方法偏差，提高了案例本身的构建效度（毛基业和张霞，2008）。资料的收集分两个阶段进行。

第一阶段的案例资料收集的主要目的是对 K 公司做初步了解，比如了解 K 公司组织架构、业务范围等，主要由作者和另外三名同领域的研究者联合完成。本书对 K 公司的几个主要事业部进行了初步了解，为后面分析对象的进一步细化和后续的深度访谈做好准备。在此过程中，课题组收集了目标公司及其母公司最近 6 年公开发行的出版物著作、公司网站中企业文化和新闻频道两个栏目的内容，并利用相关搜索引擎检索了与 K 公司有关的部分新闻资料。另外，本书还对 K 公司进行实地调研，得到积极配合，获取一批 K 公司的纸质出版物和内部出版物。此次实地访谈未录音，课题组各自进行了现场记录，并进行最后整合。由此确认 K 公司是一个能够进行跨项目学习调研的可行样本。同时，也为第二阶段的深度访谈做准备。

在案例资料收集的第二阶段，课题组首先与 K 公司大客户部经理联系，通过往返邮件和电话，将研究组的访谈目的传达给对方，由其负责受访对象的联系和时间的安排。这个过程中，课题组详细表达了调研的目的、受访对象要求、访谈主题、专业词语的解释及粗略提纲，并和部分事业部负责人取得联系。最后商定以房地产事业部为调研对象，邀请了房地产事业部主管、2 名项目经理和 2 名技术骨干共5 位受访对象，并集中 1 天时间进行实地访谈和调研。

接受访谈的项目和人员对象的关系如表 3 - 1 所示。主要是对知识转移与学习的两个项目实施团队进行访谈，这两个项目的实施时间虽有重叠，但具有一定的先后顺序。显然，这两个项目之间的知识转移与学习符合跨项目学习的内涵。依托于这两个项目，根据跨项目知识转移与学习的合作实践，分别抽取项目经理和技术骨干各 1 名作为访谈对象。此外，访谈对象还包括房地产事业部主管。结合部门及受访对象实际实践经验，完成案例相关素材的收集。

表 3 - 1   配对项目及受访人员情况简介

内容	项目 A	项目 B
项目背景	客户企业是一家在新加坡上市的公司，以房地产为主业，是已经延续了上百年的财团	客户企业为国内房地产公司，未上市，为中小型企业
项目持续时间	2010 年 10 月至 2011 年 4 月	2011 年 3 月至 2011 年 7 月
实施团队规模	7 人	3 人
参与访谈的人员	房地产事业部主管 W	
	项目 A 经理	项目 B 经理
	技术骨干 A	技术骨干 B

（二）实地访谈

访谈按照提前制定的提纲，采用"总—分—总"的形式进行。所谓"总—分—总"的访谈形式有两方面的含义：一是在人员访谈顺序方面，即先访谈事业部主管，然后分别按顺序访谈两个项目组的成员，最后汇总 5 位受访对象集中访谈，这样做的目的是将不同的当事人分开，听取他们各自对同一件事情的观点，避免受其他人观点的影响，并使得收集到的资料彼此之间形成验证；二是在访谈内容方面，即先让受访对象对新旧项目间知识转移与学习做总体回忆和介绍，然后就具体项目做细致介绍，最后做汇总评价。在征得对方同意的情况下，课题组对访谈进行了全程录音。

（三）数据分析

在访谈结束后，其中 2 位研究者第一时间整理了各自的现场笔记，分别对上下半场的访谈录音进行文档化处理，并重复听取录音内容，交换各自处理的内容进行互校，确保录音稿的完整性。

在上述工作的基础上，2 位研究者分别对文本化的资料进行分析。对于二手资料（如书籍著作、公开报道和网页新闻等），按照公司制度、企业文化、实践案例等进行了分类。对于访谈得到的一手资料，采用了二级交叉归类的方法进行。即先将 5 位受访对象进行单独归类，其受访内容对应在各自的类目下；然后将内容再次分类，独立的内容单独编写类目，内容上彼此交叉或是相互印证的（如不同受访者针对同一件事情的回答）再做特殊的标注，从而构成证据链。分析归类完成以后，彼此当面比对，对于有分歧的地方由课题组组长再次进行确认和调整。

第三节　企业员工跨项目学习影响因素的案例研究结果①

　　本书所依托的案例基本情况见表 3 - 1。以基本案例为依托，逐步引导受访对象进入所要讨论的话题，即跨项目知识转移影响因素的研究。在基本案例中，项目 B 在项目 A 上线测试后开始，鉴于项目 A 大部分工作已经完成，为了更好地将项目 A 所学到的管理模式和战略调整知识传递给国内的企业，项目 B 抽调项目 A 中两位实施顾问协同项目 B 经理完成实施，通过这种人员的重叠促进知识的跨项目转移。

　　借鉴第二章组织学习、跨项目学习、知识转移与再用的影响因素的相关研究回顾，本节从知识因素、主体因素、知识转移与学习方式、项目任务情境、项目组织情境五个方面，分析跨项目知识转移与学习的影响因素。本部分按照"理论—实践—理论"模式，对案例研究的素材进行呈现和分析。具体步骤为：首先以初步理论框

　　① 赵大丽，周军杰，左美云 . IT 服务企业跨项目知识转移的影响因素研究［J］. 管理案例研究与评论，2011，4（6）：415 - 431.

架的理论开始，作为串联起材料的"纲"；其次，引出受访对象跨项目知识转移的具体实践行为，作为理论的印证、比对和修正的依据；最后，进行分析总结，并进行理论上的升华和原有理论框架的必要调整。

一、跨项目知识转移与学习的要素

（一）知识因素

从第二章的文献回顾可知，影响跨项目知识转移与学习的知识特征有内隐性、情境嵌入性、复杂性等。其中，现有文献考察和验证最多的是内隐性。知识内隐性是指知识难以用文字、图表、符号等表示出来的程度（Polany，1966），这是最基本的知识特征。知识的内隐性越大，因果模糊性越大，对知识转移与再用的阻碍程度就越大（Simonin，1999）。在企业跨项目学习中，涉及的过程知识往往比产品知识具有较高的内隐性，而过程知识的内隐性会增加企业内部的跨项目学习和知识集成的难度（Zedtwitz，2002；Newell et al.，2006）。因此，知识内隐性是影响跨项目学习活动的一个重要知识特征。

知识内隐性程度不同，对跨项目学习活动的影响程度不同。越不能清晰表达的知识，接受方吸收起来越困难，知识转移与学习就越难以深入进行（Bertness and Leonard，1997）。这一影响主要通过所采用的转移方式得到体现。具体而言，显性知识容易通过文档方式得到转移，但高内隐性知识要在不同项目之间得到有效的转移和再用，需要依靠"干中学"等基于人际交互的转移方式（疏礼兵，2006）。所以，知识的内隐性大小需要与特定的转移方式相匹配，才能实现有效的跨项目知识转移与学习。

内隐性在 K 公司的项目 A 与项目 B 相互转移的知识中体现得很明显。其中，显性知识主要体现为所转移的各种纸质文档和电子版文档，如项目实施流程。隐性知识主要体现为需要项目成员去感悟的知识，包括处理客户难题和与客户沟通的技巧、具体的项目实施经验等。

"对产品知识来说，如何将一个项目的产品知识总结出来，并让其他项目组成员了解，是一个问题……在做项目的过程中，不同的业务产品的运作方式是不同的，类似的总结是我们后续需要做的。这个是比较难的……"（项目 B 经理）

"对于能文档化的知识，它的传递属于显性的，相对容易。但是，如何将个人想法传递给其他项目组人员，并让别人接受，有没有相应的方式方法，目前这个存在困难。"（技术骨干 B）

"比如，有时跟客户交流时，觉得这个客户总是在一些小问题上纠缠，总是跟他谈不来。可能一个原因是跟客户的个性、背景知识有关，另一个原因是跟客户的沟通方式可能有问题，如跟客户沟通时的用词或使用的口气不当，或是一些细节没做到位。这些东西，是不可能表达出来的，更不可能形成文档。"（项目 B 经理）

显性知识和隐性知识需要分别采用不同的方式或渠道才能在两个项目之间得到转移，也就才能作用于项目实施成效。对于一些显性化的知识，尤其是已经能文档化的知识，在两个项目之间传递并不难，直接通过文档传递就可以了。但是，隐性知识往往隐藏在项目成员大脑中，要使其在跨项目之间得到转移，往往需要采用个性化转移方式。对这一点，K 公司的项目 A 和项目 B 成员有深刻的体会。

"我们公司在做项目时，对有价值的东西，我们整理后一般都传到服务器上。这个大家都知道。所以，在需要其他项目类似的知识

时，我们直接到服务器去找。"（项目 A 经理）

"但我不可能直接把我总结的这些东西（如何应对客户提出的疑难问题的技巧）上传到文档管理器中，只能平时跟实施顾问、其他项目经理沟通。因为这些东西属于边缘化的知识，不是规范化的东西，在不同场合，可能就不能这么说。公司存储的主要是规范化的东西。所以，隐性知识真的是无解的，不能像制度那样写下来，以后就按这个执行，但隐性知识真的不能这样传递。"（项目 A 经理）

"这些多是以讨论会形式来做。这些确实也没有形成文档，因为这些都是比较'软'的东西，需要靠'口传身教'，是有艺术所在的，是需要靠个人去感悟和把握的。这些方面的知识很少去积累。"（项目 A 经理）

"在项目运转过程中，一些技艺性东西，主要通过培训来相互交流。其实，项目更多的东西是以规范和标准的形态存在。"（项目 B 技术骨干）

此外，知识嵌入性也是影响跨项目学习的一个特征。知识嵌入性是指知识嵌入在处于特定情境中的人员、工具、任务以及由这些基本要素组合而成的各种次级网络中（Argote and Ingram，2000；Cumming and Teng，2003）。简而言之，知识嵌入性指知识依赖于特定的情境。嵌入性越强，实现知识转移的难度越大（Cumming，2002；Cumming and Teng，2003）。因此，知识嵌入性程度不同，所借助的知识转移与学习方式有所不同。国内学者关涛（2005）已实证检验得到，知识嵌入性越大，越需要采用人际交互等高级的知识转移工具。对于跨项目学习活动，也需要根据知识的嵌入性大小选择合适的知识转移与学习方式，才能实现有效的跨项目学习。从案例访谈得知，知识嵌入性特征明显地影响 K 公司项目 A 和项目 B 之间的知识转移与学习，这在下面的访谈实例中得到较好体现。

"因为这些东西（隐性知识）属于边缘化的知识，不是规范化的东西，在不同场合……隐性知识的传递和再用要看情境而定。"（项目 A 经理）

"直接拿过来用的不大会。因为一份文档里面，除了主体框架外，还会有很多细节东西，比如文档开头的业务描述部分，对 X 业务而言，肯定是针对 X 业务场景所作的描述，那要描述 Y 业务时，肯定是不能直接拿过来用。"（项目 B 技术骨干）

案例资料还显示，要使源项目知识有效地转移到接受方项目，需要借助特定的转移方式。从下面的案例资料实例可以看出，高嵌入性的知识主要依靠个性化转移方式。

"ERP 沙盘是非常成型的东西，里面有非常多的项目案例，案例通过情境（包括视频等）固化的形式形成光盘，给大家去演练。通过项目经理、顾问等角色的演练，把项目实施的过程、存在的问题等全部展现出来。"（项目 A 经理）

"做过项目，积累下来的技术回忆起来还是比较清晰。主要还是开发环境、沟通等。项目变化，开发环境也就发生变化，需要沟通来进行。"（项目 B 技术骨干）

基于以上分析，本书认为：在 IT 服务企业内部，知识内隐性越小，知识嵌入性越小，项目成员越倾向于采用编码化的跨项目知识转移与学习方式；相反，知识内隐性越大，知识嵌入性越大，项目成员越倾向于采用个性化的跨项目知识转移与学习方式。

（二）主体因素

主体因素是指跨项目知识转移与学习的双方主体各自所拥有的特征，主要包括主体能力和主体意愿两大方面。其中，主体能力涉及参与主体是否有能力进行知识的跨项目转移与学习，主要包括知识源的转移与分享能力以及知识接受方的吸收与学习能力，主体意愿涉及参与主体对知识转移与学习的态度，主要包括知识源项目团队成员的转移与分享意愿以及知识接受方项目团队成员的吸收与学习意愿。由前面章节的文献研究可知，参与主体的能力和意愿会影响跨项目知识转移与学习效果。

1. 主体能力

知识源项目团队成员的转移与分享能力包括知识需求识别和定位能力、知识表达能力、知识编码化能力等。比如，K 公司常采用"案例复现"的方式来达到不同项目的知识得到转移的目的。部门经理让项目经理在讨论会上复现自己做的整个项目案例，在其中穿插自己团队的心得和教训，并允许台下的其他项目经理随时打断提问。通过这种互动的方式，实现项目间知识传递的目的。这项活动体现了对项目经理编码能力、表达能力的要求。此外，知识源项目团队成员的知识转移能力还涉及知识归类能力。比如，K 公司项目 B 的成员就提到，项目 A 知识分类是否详细清楚，直接关系到项目 B 团队对这些知识的再用效果。

"如何转移一些隐性的东西（知识），是要靠自己在项目过程中去总结。"（项目 A 经理）

"我们每个月都有不定期的沟通会……其他项目经理在下面听。哪个项目经理讲得好，哪个讲得不好，都可以进行分析和评判，并指出其中存在的问题。"（房地产事业部主管 W）

"因为专家从事此工作的时间比较长……而且这些专家都是我们自己培养出来的，他会很快地定位这边提出的真正需求是什么。可能我们提出的需求是表象需求，而他会很快地判断出这后面的真实需

求是什么，这样他就会针对这些需求做准备。"（项目 A 经理）

"项目 A 的哪些精华，并不是项目 A 的 100% 精华都适用于项目 B，有些项目 A 的经验在项目 B 是行不通的。或者说是怎样去划分客户，这个客户细分为哪一类，我积累的经验又是属于哪一类型的，怎样将我的经验跟用户类型匹配起来。我觉得这个匹配问题很重要。所以，知识积累时，知识分类很重要。"（项目 A 技术骨干）

根据科恩和莱文塔尔（Cohen and Levinthal，1990）的研究，跨项目知识吸收与学习能力是指知识接受方项目团队成员识别、吸收和学习来自外部的新知识，并将其应用于商业终端的能力。这一能力很大程度上取决于知识接受方项目团队成员原有的知识存量。知识接受方项目团队成员的知识基础越扎实，其吸收能力越强，因而对其他项目知识的反应和接受能力越强，对这些知识的再用效果也会越好。知识吸收与学习能力对跨项目学习的这一影响关系在 K 公司得到鲜明的体现。

"专家讲这个问题是这样解决的。他去消化以后，'唉，我找到一个更好的解决方法'，然后他就会来跟专家说，'这个问题我还有更好的方法可以解决，该怎么怎样解决……'"（项目 B 经理）

"如果从业务知识来说，因为不同项目的业务都存在差异，客户总要求将其他项目好的业务经验或其他客户的成功案例告诉他们。但哪些业务知识是好的，哪些是不好的，也就是说，如何从一个项目中筛选出来有用的业务知识，应用到其他项目，目前是存在问题的。所以，在不同项目之间，业务知识的筛选是有困难的。"（项目 B 技术骨干）

根据上面分析，我们得到：当知识源项目团队成员的知识转移与分享能力越强时，跨项目知识转移与学习的效果越好。同样地，知识接受方项目团队成员对知识源项目转移过来的知识的吸收与学习能力越强，他们将这些知识应用于实施 IT 项目的效果也越好。因此，知识源项目团队成员的知识转移与分享能力以及知识接受方项目团队成员的吸收与学习能力，都正向地影响知识的跨项目转移与学习效果。

2. 主体意愿

知识源项目团队成员的转移与分享意愿是该成员对是否愿意向对知识接受方项目团队成员转移知识的倾向和态度。有研究证实，知识源转移知识的内在动机或意愿越强烈，就越有利于企业内部业务、技术和项目管理等各种知识的转移，IT 项目的实施效果也就越好（Ko et al.，2005；徐青，2006）。相反，如果知识源对知识的保护意识强，一般较少能提供完整的知识，这会增加所转移知识的因果模糊性，不利于接受方有效地理解和运用这些知识，因而会阻碍知识的有效转移（Simonin，1999，2004）。由于知识接受方的吸收意愿往往受到知识源转移意愿的影响（Menon and Pfeffer，2003），当知识源项目团队成员转移知识的意愿越强，愿意提供的知识越丰富，知识接受方项目团队成员从中学习和消化这些知识的意愿也会越强烈，因而越能从中学到所需的知识。但是，在服务 K 公司的房地产新加坡项目（知识源项目）经理和房地产国内项目（知识接受方项目）经理的访谈实例形成正反印证，共同表明，在 IT 服务实践中，知识源项目团队成员的知识转移与分享的意愿并不强烈，这受到了项目任务、组织环境等其他因素的影响。

"友好的气氛至关重要。如果不是这样，我宁愿把时间和精力投入到自己任务上，也不愿意回答其他项目成员的问题。"（项目 A 经理）

"平常都很忙，碰到问题就直接打电话问，对方很少到现场指导，除非领导安排。"（项目 B 经理）

知识接受方项目团队成员的吸收与学习意愿反映该成员乐意从知识源处获取和学习所需知识的倾向和态度。根据期望确认理论，当知识接受方认为参与跨项目学习能够使其获取所需知识的需求得到满足时，他就会有高昂的积极性。而这种积极性是该学习活动得以顺畅进行的一个重要促进因素。IT 领域的实证研究结果表明，知识接受方个体的吸收意愿越强烈，从知识源个体学习技术知识、业务知识等的效果越好（Ko et al., 2005；徐青，2006）。在服务 K 公司，受访对象较多地谈及知识接受方项目团队成员的吸收与学习意愿。下面的这些访谈实例显示，知识接受方项目团队成员的吸收与学习意愿对跨项目学习效果具有积极的影响作用。

"像项目穿透大会，在这个会上，每个项目经理都会上去讲近来项目实施的进展和分享相关经验。我一般都会去听，我认为这很重要，至少可以听到一些别人的做法，成功也好，失败也好，都有借鉴作用。"（房地产事业部主管 W）

"有些人可能比较勤奋，问完问题后，自己会积极主动地去查阅外面的资料，吸收很多东西，甚至会提出一些不同的新的想法。"（房地产事业部主管 W）

从上面分析可知，在案例企业中，知识源项目团队成员的知识转移与分享意愿以及知识接受方项目团队成员的吸收与学习意愿对跨项目知识转移与学习的影响情况不一样。知识接受方项目团队成员的吸收与学习意愿强烈，对跨项目学习效果具有正向的影响。但是，受项目任务、文化氛围等因素的影响，知识源项目团队成员的知识转移与分享意愿明显较弱。

（三）知识转移与学习方式

如前面所提到的，跨项目团队之间的知识转移与学习方式有两种，包括主要依靠文档传递的编码化方式和主要依靠人际互动的个性化方式。这两种方式在 K 公司经常得到使用。

"（我们）会有意识地做知识的积累：每做完一个项目后，会把相关的文档上传到公司的服务器上，大家会到上面去看。这是公司的一个要求。文档一般有多个备份，一个给客户，另一个供公司内部存储和积累。"（房地产事业部主管 W）

"每次会议都有会议纪要，而且会存档，日后供大家查看。"（项目 A 经理）

"通常我们会定期举行经验交流会。每个项目经理都要宣讲项目实施的每个步骤，已经做完的项目或正在做的项目……其他项目经理在下面听。哪个项目经理讲得好，哪个讲得不好，都可以进行分析和评判，并指出其中存在的问题……通过这种方式的知识传递，让每个人都知道以后碰到同样的问题或错误，或对待不同的客户，该怎样去处理。"（房地产事业部主管 W）

"我们还有 ERP 沙盘演练，ERP 沙盘设置了各种各样的情境，让资深的项目经理来讲，里面都是很经典的案例，很直观。"（项目 B 经理）

可以看出，在实践中，对待不同的知识，该事业部在充分发挥着两种转移方式的重要作用。如会后的会议纪要以及保留的公司的实施文档，属于编码化转移方式；利用沙盘等情境复现方式，以及上台宣讲这种台上台下互动的方式，属于个性化转移方式。由于编码化转移方式能够快速传递显性的项目知识，个性化转移方式则能使更具内隐性和嵌入性的知识得到转移（Newell et al.，2006）。本书认为，这两种方式都将对跨项目转移效果产生正向影响作用。

此外，在访谈中发现，编码化转移和个性化转移并不是孤立使用的。案例企业为了达到更好地转移知识的目的，项目经理和实施顾问还会根据实际情况（如知识的嵌入性）交叉使用两种方式，既强调实际转移工作的交互性，又重视所转移知识的积累和再用，从而形成了一种编码化转移和个性化转移双管齐下的方法。我们称之为"混合式跨项目转移与学习方式"。

"像这些事情（知识转移），我们都不是孤立的做。比如我们的顾问学院，它一般都是同时使用沙盘和授课的方式为实施顾问和项目经理提供培训的。"（项目 B 技术骨干）

"我们公司内部有很多种转移知识的方式，像专家库，标准化委员会，顾问学院，全国性的专题演讲等等，这些都是根据实际需要灵活安排的。"（房地产事业部主管 W）

"一般地，我们要求一个邮件发完之后，都要有个电话跟过来，E－mail 里发的东西，口头再说一遍，这样有两次的沟通。E－mail 发的东西，可能有些表述不清楚，电话沟通口头说话可能会更直白。"（项目 B 经理）

"混合式跨项目转移与学习方式"的案例分析与已有文献研究结果相一致。这种混合方式同时融合了编码化转移和个性化转移的特点，而转移方式越丰富，就越有可能处理好项目的复杂情境和不同类型的知识，知识转移效果也就越好（Slaughter and Kirsch，2006）。

基于以上分析，本书认为：编码化和个性化的跨项目知识转移与学习方式都对案例企业内部的跨项目学习效果具有促进作用。这两种方式的混合使用越丰富，跨项目知识转移与学习的效果越好。另外，如前所述，这些跨项目知识转移与学习方式要与不同特征不同类型的知识匹配使用，才能实现较好的效果。

（四）项目任务情境

跨项目学习依赖于项目业务实践而开展，因此，项目特征是跨项目学习过程中不可忽视的一个因素。其中，涉及不同项目关联程度的项目间任务相似性是一个重要的项目特征。一方面，当知识源项目与知识接受方项目所实施的任务越相似，所需要运用的知识越相关，因而就越有利于这两个项目的团队成员对双方的知识供给与知识需求形成共同的理解（Newell and College，2004）。这能够使知识源项目的知识有效地再用于知识接受方项目，最终有利于减少跨项目知识转移与学习的不确定性（Fitzek，1999）。另一方面，项目间任务相似性拉近了两个项目的实施团队，有助于他们更频繁地相互转移和学习知识。反之，如果两个项目所实施的任务相似程度低，各项目的团队成员相互转移与分享知识的次数就少，知识的吸收与学习效果也不好。这一影响关系在如下的 K 公司访谈实例中得到明显的体现。

"如果是同一行业，项目间的知识传递就不存在什么困难。如果是不同行业的项目，就会有障碍。"（房地产事业部主管 W）

"这两个项目（表 3 - 1 依托案例）之间有很多共性。做国内的时候，国外的那家已经到了上线测试的时候，我们抽调了 2 个人过来，把国外多元化发展模式告诉国内企业，建议国内企业考虑这种业务模式。现在这家国内企业也在规划今后 3 ~ 5 年的业务，现在主要是住宅，也在发展商业地产。"（房地产事业部主管 W）

"通过这种方式，我们一方面积累自己的行业经验，另一方面将先进的管理模式介绍给新的客户，这既是在传递知识，我们也拿到了项目。"（房地产事业部主管 W）

"也有两个项目的业务知识没有共性。比如说，我们曾经接过一个医药行业的项目。因为一个是制药企业，一个是房地产企业。我们在做这两个项目时，都是分别从其他不同的项目中找一些相关的案例。（毕竟）项目之间多多少少都有一些相似之处，如所用的实施方法论。"（项目 A 经理）

"但项目间传递时，如向标杆学习时，会有困难；毕竟不同的项目团队有不同的惯例，（相关知识）在吸收的时候不一定能消化，也不太容易调整。"（项目 A 技术骨干）

另外，项目时间紧迫性也是影响跨项目知识转移与学习的一个重要原因。时间紧迫性指利益相关者要求密切关注项目实施进展的程度（Mitchell et al.，1997）。这是一种时间压力，影响到个人决策和行动的倾向（Waller et al.，2001）。项目具有明显的时间期限，项目成员在跨项目知识转移与学习中会面临项目时间紧迫性的影响。项目时间紧迫性对双方主体意愿的影响关系在 K 公司得到明显体现。通过对 K 公司的访谈发现，项目时间紧迫性会影响知识源项目团队成员的知识转移与分享意愿、知识接受方项目团队成员的知识接受与学习意愿，进而影响跨项目知识转移与学习的效果。

从下面的访谈实例可以看出，对于知识源项目团队成员，他们感知到的项目时间越紧迫，面临的时间压力越大，需要用于完成自身项目任务的时间和精力就越多。相反，他们能够和愿意用于沟通和积累经验知识的时间就越少，越缺乏动力来转移和满足知识接受方项目方团队获取知识的需求，这样就越不利于实现知识的跨项目转移。

"他（项目 A 的运营维护经理）愿不愿意跟大家交流、帮助大家，客观地讲，这跟他的工作强度有关。他工作强度高的时候，可能就不是那么愿意。"（房地产事业部主管 W）

"遇到类似的情况，比如赶工期了，项目时间紧迫。你要进行知

识传递，比如办培训，确实会带来时间压力，影响到项目进度和成本，这时就不太好及时交流。"（项目 B 经理）

但是，对于知识接受方项目团队成员，其参与跨项目学习的意愿和决策受到项目紧迫性的影响关系较为复杂，这一关系受到其他因素的权变影响。当知识接受方项目团队成员感到完成项目任务有时间压力时，他们往往会倾向于在团队内部想办法探索解决方案。但是，在项目实施或关键性事件发生之前，项目经理一般会引导或带领项目成员学习其他项目的相关经验。此时，知识接受方项目团队成员就会评估其他项目知识对于自身项目的有用性，并确定最有效的方法来获取合适的知识，以解决项目问题。当他们感知到通过向其他项目学习能获益，受时间紧迫性影响，知识接受方项目团队成员就愿意从外部寻找解决方案，就会有动力从知识源项目寻求和获取知识。否则，他们就缺乏动力。下面的访谈实例鲜明地体现了这一点：

"我们会看情况而定，事先做个评估，是团队内部自己想办法解决问题，还是去查找其他项目以往的经验，评估看看哪种途径更有效。只要有用，能完成任务，就选哪种途径。"（项目 B 经理）

通过上面分析可知，我们得到：在案例企业，项目间的任务相似性越大，跨项目知识转移与学习成功的可能性就越大，[①] 即项目间相似性正向的影响跨项目知识转移与学习效果。但是，项目时间紧迫性对跨项目知识转移与学习的影响情况较为复杂，它会通过影响双方主体的参与意愿进而影响跨项目知识转移与学习的效果。此外，不同项目的时间紧迫性对跨项目知识转移与学习的影响情况不同，知识

---

① 当然，当两个项目的任务特征和人员都完全一样时，项目成员会把完成项目任务看作重复性行为，不把跨项目知识转移与学习活动"当回事"（Björkegren，1999），因而也就难以实现预期的跨项目知识转移与学习效果。这种特殊情况不在我们的研究范畴。

源项目的时间紧迫性对项目成员的知识转移意愿和跨项目知识转移效果产生明显的负向影响。但是，知识接受方项目的时间紧迫性对项目成员进行跨项目学习的意愿和效果受到知识源项目知识有用性的权变调节作用。当知识源项目的知识对知识接受方项目有用时，项目时间紧迫性就会对知识接受方项目团队成员进行跨项目学习的意愿和效果产生正向积极的影响作用。

（五）项目组织情境

要实现有效的知识转移，必须解决"如何让知识转移主体自愿地参与知识转移活动"和"如何使知识转移活动变得更容易进行"这两个问题（Hansen，1999）。组织情境正是提供这方面的保证。在项目实施过程中，项目团队一般会根据实际运作情况，将组织管理情境具体化，采用一些管理架构或机制，以推动项目实施进程。本书把其中会影响跨项目知识转移与学习活动的围绕项目的管理架构或机制称为项目组织情境。有研究证实，良好的组织管理情境是推动知识转移活动顺利开展和完成的一个必要条件，因为成功的知识转移往往需要组织采取一系列持续管理努力来激励知识的分享与再用行为（Davenport and Prusak，1998）。本书认为，项目组织情境会对企业的跨项目知识转移与学习活动产生重要的影响作用。

对于组织管理情境因素，不同学者给出不同的分类。佩特尔特（1967）将这些情境视为一种系统，并细分为组织、制度和技术 3 个子系统。戈尔德等（Gold et al.，2001）将支持知识管理的组织架构分为结构类、文化类和技术类。其中，结构类组织架构是指公司内部用于组织任务的规则、政策、程序、流程、报告关系的等级情况、激励制度和部门边界。通过对 K 公司的案例调研，本书发现，影响到跨项目知识转移与学习活动效果的项目组织情境主要涉及项目团队所采用的制度、所营造的文化氛围和所依赖的信息技术设施。

1. 项目团队制度

在制度上，K公司有两个具体做法比较突出：一是T级认证制度，二是专家库系统。T级认证是K公司的内部等级认证制度，规定项目成员需要具备一定的资格才能参加考试，如具有从业3年以上经验的可以考T4，依次类推，最高等级为T9。员工的工资待遇及项目提成等都会与T级挂钩，不同等级的工程师其待遇和提成也不同。同时，K公司在总部设有专家库，对于那些从业时间长，符合条件的员工将有可能被选入专家库。相比于T级认证，专家库遴选条件更加苛刻。但是，项目成员要能进入专家库，不仅仅意味着物质待遇的提高，对入选专家的项目成员而言，更是一种专业技能的肯定和极大的荣誉。

"通过T级认证的人，他的技能水平在公司内部和行业中得到认可，会愿意跟其他顾问和经理分享知识，公司也要求他必须给其他项目经理和顾问做培训，如一个月做几次报告等。"（房地产事业部主管W）

"在这个专家库里，如果一个人有某个项目的经历，是某一专业或方面的专家，他的经历跟我们项目有相通之处、比较相近，那么，我们就申请让他去担任我们项目某一方面的专家，给其他顾问指导和讲授经验。"（项目B经理）

实际上，无论是T级认证制度，还是专家库系统制度，都蕴含着激励机制在里面，包括物质激励机制和精神激励机制。另外，会影响K公司进行跨项目知识转移的制度还包括硬性制度和跨项目知识转移接口。硬性制度主要是指项目团队依据公司规章制度而采用的制度策略，转移接口指安排专人或专门的机构负责跨项目知识转移事项。

"如果以上方式（激励机制和个人感情沟通）行不通的话，就需要借助公司的规章制度。比如，由公司指定其他项目的某个专家来协助我做项目。"（项目 B 经理）

"会有人专门做这个（知识库中知识的积累和调用）。比如，我今天碰到一个问题，比较简单，我又不想花费太多的时间去处理这件事时，我会去找专门负责人，告诉他，我需要什么知识，他就给我提供，甚至他还会给我写好了一定的代码，我直接调用就可以。"（项目 B 经理）

从 K 公司的实际情况可知，项目团队制度对跨项目知识转移与学习活动具有明显的推动和促进作用，从而对这一活动的效果具有积极的影响效应。也就是说，在案例企业，项目团队制度正向地影响跨项目知识转移与学习效果。

2. 项目团队文化

项目团队文化是对跨项目知识转移与学习活动有重要作用的管理支持要素。它能够调动项目成员的积极性，活跃知识转移活动（Goh，2002）。实证检验结果显示，良好的团队文化（Karlsen and Gottschalk，2004）、团队凝聚力（Joshi and Sarker，2006）和相互信任的氛围（Joshi et al.，2007）都对 IT 项目团队内部知识转移具有显著的促进作用。也就是说，文化要素是成功的知识转移活动所不可缺少的（McDermott and O'Dell，2001）。在 K 公司的跨项目知识转移与学习中，项目团队文化起着非常重要的作用。

"还有一个，因为我们团队环境比较开放，大家的座位都挨在一起，有时有个人说，'喂，某某，我们正在做这一个模型，之前你们是怎么做的'，然后大家就聊开了。"（项目 B 经理）

"在这里面，团队氛围能起到很大的作用，因为如果没有好的氛围，工作开展会存在很大的阻力和难度。但有了这样的氛围，即使碰到了难题，大家也会及时来沟通，专家会来分享。"（项目 B 经理）

"你说的一个是管理制度，一个是管理方法和手段，第三个是团队氛围。前两个比较硬性，第三个是软因素，最难把握。但在我们这里，第三个恰恰是做得最好的，发挥的作用是最大的，因为我们的团队氛围比较好……但这里面要是没有好的氛围，是会存在很多问题的，比如，沟通不畅；找我问问题时，我宁愿工作而不愿意回答你、不愿意跟你交流啊。所以，这个氛围是很重要的，大家都相互信任对方，团队成员之间的相互信任很重要。"（项目 B 经理）

结合已有研究和 K 公司的实例，本书认为，项目团队文化对跨项目知识转移与学习效果具有积极的影响关系。

3. 信息技术设施

信息技术设施包括项目团队用于转移知识的信息通信技术和存储、管理知识的系统等。作为一家软件服务企业，良好的技术设施是 K 公司有效开展跨项目知识转移与学习的重要基础。

"另外，我们公司还开通了内部微博，大家可以在上面实时分享一些工作中的经验和心得。我只要粉（含义是'关注'，作者注）一些感兴趣的人，就能获得他的最新消息，（对于跨项目的知识转移）很方便的。"（项目 B 经理）

"它（TFS）是聊天工具，可以进行即时通信，方便沟通。除此之外，还集成了邮件系统，项目内部都在这个系统上面收发邮件。还有，开发过程中会出现一些问题，如出现 BUG，这个软件也可以管理这个信息。我们有开发人员和测试人员，测试人员就可以通过这个系统找到里面的 BUG，然后反馈给开发人员去解决这些问题。也就是说，在项目进行过程中，有开发人员、管理人员和测试人员，都通

过这个软件进行交流。"（项目 B 技术骨干）

可以看出，信息技术设施能为不同项目的实施人员提供良好的沟通平台，推动跨项目知识转移与学习活动的进行。麦金托什和怀特（Macintosh and Whyte，2008）通过比较研究认为，特定形式的可视化和形象化的工具可以帮助项目团队更好地理解和管理项目相关知识。同时，信息技术设施也有助于有用项目知识的存储和再用。比如，知识库系统可存储源项目的经验知识，使之为后续的接受方项目团队所用（Newell and Edelman，2008）。所以，信息技术设施会对 IT 服务企业内部的跨项目知识转移与学习具有促进作用。

二、跨项目知识转移与学习的效果

案例访谈结果显示，跨项目知识转移与学习活动给 K 公司带来的影响作用主要体现在对知识接受方项目的影响，表现为两个方面：第一，知识接受方项目对 K 公司项目实施绩效的影响。知识接受方项目通过向源项目团队获取和学习知识，提高项目质量水平，加快工作进度，减少项目实施风险，提升客户满意度等。

"我们在做项目的过程中，都在有意识或无意识地进行项目知识的传递。如果按项目成功即质量验收通过率看，知识传递前后至少有 60% ~ 80% 的区别。对于知识传递，可能有意识地加强一下，项目的风险就会降低了 20%……有一个共识就是……项目之间知识传递得越多，项目风险越小。也就是说，跨项目知识转移的效果肯定是有的……"（项目 B 经理）

"客户重视的是最终的效果，他们对中间的环节不怎么关注。但我们两个团队之间的沟通，对两个项目都提前完成是有一定影响的，客户当然也相对更满意。这一点影响确实是有。"（项目 B 经理）

第二，通过跨项目学习，知识接受方项目团队成员的知识增加，项目实施能力也得到明显的提升。

"对我来说，知识传递的效果非常好……我们每个月都有不定期的沟通会，借此可以提升自己的行业知识和项目实施能力。自己的眼界变开阔了，经验积累、管理思维和经验得到了提高。总之，我觉得，知识转移对我个人能力提升是非常有效的。"（项目 B 技术骨干）

"感觉知识面扩大了。我们会从另一个项目团队那学习到之前没注意到的东西，那在下一次碰到问题时，就会去考虑这些东西。比如，我这次跟他们沟通，等我碰到下一个问题时，需要他们，但他们也比较忙，我自己就通过他们的一些经验做一些操作，就不用他们帮助，也就是，我自己做一些他们需要做的东西。"（项目 B 技术骨干）

综合上述的案例分析，跨项目知识转移与学习活动受到知识因素、主体因素、知识转移与学习方式、项目任务情境、项目组织情境五大方面因素的影响，这些因素具体包括知识的内隐性和嵌入性、知识源项目团队成员转移与分享知识的能力和意愿、知识接受方项目团队成员吸收与学习知识的能力和意愿、个性化转移、编码化转移和混合式转移、项目间任务相似性和两个项目的时间紧迫性、项目团队所采用的制度、文化和信息技术设施。同时，跨项目知识转移与学习方式的选择使用要与知识特征相匹配，才能实现有效的学习结果。此外，项目时间紧迫性会影响知识源项目团队成员和知识接受方项目团队成员的参与意愿，进而影响跨项目知识转移与学习活动。进一步，这一学习活动会对案例企业知识接受方项目绩效和团队成员的项目实施能力产生积极影响。总之，结合已有研究和案例分析，构建了如图 3 - 7 所示的各因素对企业跨项目知识转移与学习的影响关系模型。

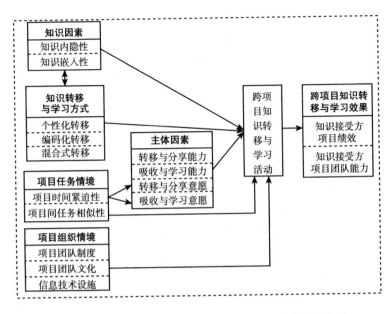

图 3 - 7　各因素对跨项目知识转移与学习的影响关系模型

第四章 知识型企业员工持续跨项目学习意愿影响因素的定量研究

第一节 研究模型与理论假设

一、研究模型

在开展业务相近的一系列项目的知识型企业中，员工每次在实施新项目时，都可能从公司内部其他项目获取和学习经验知识，在跨项目学习之前会形成一个期望，而一次或一段时间的跨项目学习后会产生绩效。员工将这种绩效与学习前的期望形成对比，从而抬升或降低自己对通过跨项目学习这一途径获取知识的期望以及满意度，进而影响后续的学习意愿。因此，本书适合采用期望确认理论研究知识型企业员工持续跨项目学习意愿的影响因素。

在期望确认理论中，用户或消费者对使用某种产品或服务后的感知是一个重要变量（Oliver，1980）。在对期望确认理论的拓展应用中，邱吉尔和苏普瑞南特将消费者首次使用产品或服务后的感知产品绩效引入模型，认为期望、感知产品绩效、确认和满意度共同影响消费者的持续购买意愿，感知产品绩效受到期望的影响，并直接影响满意度，还通过确认间接影响满意度。巴塔切吉（2001）关注消费者使用产品或服务后的感知，并将感知有用性引入持续使用模型中，认为用户持续购买使用信息系统的意愿主要是由满意度决定，而满意度是由确认度和感知有用性共同决定的。可以看出，感知产品绩效和感知有用性都是用户在使用后感知到的某一产品或服务所带来的益处。

对于跨项目学习活动，本书借鉴期望确认理论及其拓展研究，将员工跨项目学习的知识视为一种"产品"。期望则是员工对努力从企业内部其他项目获取知识的结果的主观信念。项目成员主要采用两种方式进行知识再用：一种是直接复制其他项目的知识，用于解决新情境下的项目问题；另一种是在其他项目经验和知识的基础上进行创新，形成全新的方案，用于解决新情境下的问题（Khedhaouria and Jamal，2015）。这些过程不仅改进项目绩效，还提升员工的经验、知识和技能。因此，本书分别从跨项目学习对员工的项目工作绩效影响和员工从中获得自身知识和能力成长的满足程度两个方面测量知识型企业员工对跨项目学习知识的期望感知，即分别采用感知内部知识有用性和感知知识增长程度两个期望变量。此外，知识获取难易程度也是影响跨项目学习意向的重要变量。有研究证实，知识接受方越容易在组织内获取知识，他们就越频繁地再用这些知识（Watson and Hewett，2006）。因此，本书也将感知的内部知识易获得性视为一个期望变量。也就是说，本书使用感知内部知识有用性、感知知识增长程度和感知内部知识易获得性测量员工跨项目学习知识后的结果感知，探究这三个知识变量对期望确认度、满意度与持续跨项目学习意愿之间的影响关系。

在期望确认理论中，奥利弗（Oliver，1980）研究消费前期望对消费后的确认、满意度和再次购买意愿的影响。巴塔切吉（2001）认为，事后确认和事后满意度实际上都已经包含了事前期望，且期望可能随时间的推移而变化。因此，他在研究用户的信息系统采纳行为时，采用事后期望变量，即事后感知有用性。研究发现，用户的事后感知有用性，受到事后确认的影响，同时影响事后满意度和持续采纳意愿。本书借鉴巴塔切吉（2001）的研究，使用事后的期望变量，即（事后）感知内部知识有用性、（事后）感知知识增长和（事后）感知知识易获得性，考察这些期望变量受到（事后）确认的影响以及它们对（事后）满意度和持续跨项目学习意愿的影响。

此外，在互联网技术尤其是移动互联网的推动下，企业员工从外部获取和学习相关知识的途径多种多样，外部相关知识的质量也日益提高，从外部获取的知识在一定程度上有利于解决项目工作中碰到的问题。这必然会对知识变量与跨项目学习满意度、持续跨项目学习意愿之间的关系产生一定的影响。因此，本书将外部知识有用性作为调节变量，分析其在感知内部知识有用性、感知知识增长程度和感知内部知识易获得性这三个期望变量与持续跨项目学习意愿之间关系的调节作用。

借鉴已有研究和预约访谈资料，本书还选择工作经验、项目规模、组织规模作为控制变量。纽威尔和埃德尔曼（2008）经实证研究得到，由个人经验积累转化而来的项目间经验积累对跨项目学习产生了显著的正向影响。作为问卷填写者，不同项目经理的工作经验丰富程度不一样，对于同样问题，各自填写的答案可能不一样。通过访谈了解到，工作经验越丰富的项目经理或技术骨干，对问题的看法会越成熟和全面。受调研者从事所在行业的时间长短是项目工作经

验的一个直接反映，因而本书采用员工从事所在行业工作的年限作
为员工工作经验的测量变量。高等（2005）认为，项目规模会影响
到 ERP 项目实施过程中的知识转移效果，并将其作为知识转移影响
因素研究的一个控制变量。借鉴之，本书将项目规模作为控制变量，
并用项目金额作为具体的测量变量。另外，不同规模的知识型企业，
开展跨项目学习的程度有所不同，因而本书还将组织规模作为控制
变量，采用公司人数作为测量变量。

　　综上分析，本书在期望确认理论的基础上，考虑外部知识有用性
的调节作用，构建知识型企业员工持续跨项目学习意愿影响因素的
研究模型，探究这些变量对持续跨项目学习意愿的影响路径，如
图 4 - 1 所示。

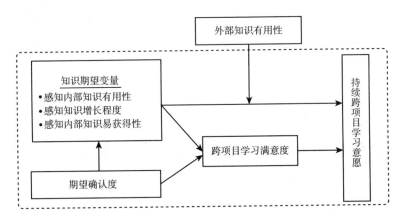

图 4 - 1　内外部知识期望变量对跨项目学习意愿的影响路径

二、理论假设

（一）期望确认度

　　期望确认理论中的确认是由消费者使用产品或服务前的期望与
使用后产生的感知绩效之间的差距形成的（Oliver，1980；Bhat-

tacherjee，2001）。借鉴这些理论研究基础，本书将期望确认度定义为知识型企业员工感知到的对企业内部其他项目知识的价值期望与其实际利用价值之间的一致程度。巴塔切吉（2001）研究表明，在信息系统使用过程中，当用户期望值较低的感知有用性被确认时，即正面确认发生时，他们会认为对产品有用性的感知过低而提高感知有用性；反之，当用户期望值较高的感知有用性没有被确认时，即负面不确认发生时，他们会认为对产品有用性的感知过高而降低感知有用性。相应地，在本书研究中，当知识型企业员工对内部跨项目学习的期望得到高度确认时，他们会认为自己对其他项目知识对自己完成项目工作的有用性、给自己带来的知识和能力增长程度、这些知识的易获得性以及跨项目学习满意度的评价均过低，进而抬高这一系列的主观评价，即提升感知的内部知识有用性、知识增长程度、内部知识易获得性和跨项目学习满意度。因此，本书推断，知识型企业员工对跨项目学习的期望确认度会对感知内部知识有用性、感知内部知识易获得性、感知知识增长程度以及跨项目学习满意度产生正向影响。据此，本书提出以下研究假设：

H1a：知识接受方的期望确认度对感知内部知识有用性产生正向的影响。

H1b：知识接受方的期望确认度对感知知识增长程度产生正向的影响。

H1c：知识接受方的期望确认度对感知内部知识易获得性产生正向的影响。

H1d：知识接受方的期望确认度对跨项目学习满意度产生正向的影响。

1. 感知内部知识有用性

感知有用性最早是由戴维斯等（Davis et al.，1989）在技术接受模型中提出的，主要指消费者对使用信息技术或服务在多大程度上有助于提升个人工作效率或生活效率的主观感知，这是消费者在初次使用产品或服务后产生的一种正面的情绪。借鉴这些研究以及其他文献对感知有用性的界定（Kulkarni et al.，2006；He and Wei，2009），本书将感知内部知识有用性定义为知识型企业员工感知到的公司内部其他项目的知识对其完成当前项目工作所带来的有益程度。这些益处体现为提高个人在当前项目的工作绩效、工作效率、工作效果等。

邱吉尔和苏普瑞南特通过研究验证得到，绩效是解释用户满意度变化的主要因素，持久使用商品后的绩效感知是决定主体满意度的核心变量。库尔卡尼等（Kulkarni et al.，2006）研究发现，关于改善工作质量的知识有用性对用户使用知识管理系统的满意度具有正向的影响作用。周等（Chou et al.，2015）通过实证研究发现，知识接受方对知识质量的感知与其在线知识采纳呈正相关。何和魏（He and Wei，2009）研究得到，用户所持有的知识所带来的工作有用性的信念对其知识寻求的态度和意图产生积极的影响作用。国内市场营销与信息系统领域也有不少研究指出，消费者和用户感知有用性不仅可以通过影响购买或使用产品和服务后形成的满意度间接影响持续购买、使用意愿，而且可以直接影响持续购买、使用意愿（王娟，2010；张哲等，2016）。本书认为知识接受方感知内部知识有用性会对其跨项目学习满意度和持续跨项目学习意愿产生积极的影响作用。因此，本书提出以下研究假设：

H2a：知识接受方的感知内部知识有用性对跨项目学习满意度产

生正向的影响。

H2b：知识接受方的感知内部知识有用性对持续跨项目学习意愿产生正向的影响。

2. 感知知识增长程度

知识型企业员工工作除了提高项目绩效外，另一个主要目标是通过跨项目学习来拓宽和深化自身的知识和经验，进而提高自身能力，这就是知识增长的需求。何和魏（2009）将知识增长定义为用户进行在线知识搜寻时感知到的自身知识和体验得到提升的程度。巴塔切吉（2001）在持续使用模型中所界定的感知有用性与"效用"较为接近，偏重于消费者通过使用产品或服务后使其需求和欲望得到满足的程度。借鉴这些研究，本书将感知知识增长程度定义为知识型企业员工感知到的学习和利用公司内部其他项目的知识有助于其增加项目相关的知识和经验、提升项目工作能力等的程度。

巴塔切吉（2001）通过研究发现，聚焦于用户对自身需求和愿望得到满足程度的感知有用性，是预测用户对信息系统持续使用的满意度和意愿的重要变量。赖等（Lai et al.，2014）经研究证实，知识增长是促进用户获取知识的动力之一。李力（2016）认为，用户在虚拟社区中进行知识搜寻而感知到的个人知识增长程度能够促使用户继续获取知识，并经研究证明，感知知识增长能够通过影响知识搜寻满意度进而影响知识搜寻意愿。由此推断，在知识型企业内部跨项目学习活动中，若员工感知到其他项目积累的知识能够促进自身知识增长和能力提升，就会对跨项目学习活动感到满意，也就会倾向于持续进行跨项目学习。因此，本书认为知识接受方的感知知识增长程度会对其跨项目学习满意度和持续跨项目学习意愿产生积极的促进作用，并提出如下研究假设：

H3a：知识接受方的感知知识增长程度对跨项目学习满意度产生正向的影响。

H3b：知识接受方的感知知识增长程度对持续跨项目学习意愿产生正向的影响。

3. 感知内部知识易获得性

借鉴赫德豪里亚和贾马尔对知识搜寻的测量，沃森和赫维特（2006）对知识易获得性的界定，本书将感知内部知识易获得性定义为知识型企业员工感知到的通过多种途径从公司内部其他项目获取与当前项目有关的知识的容易程度。这些途径包括通过与其他项目团队成员讨论、参考公司内部文档、查阅公司内部网上文件以及访问公司知识库等。

在期望确认理论中，期望是一个人头脑中持有的对购买或使用某一产品或服务的结果的先验信念（Oliver，1980）。关于跨项目学习，期望是一个人持有的努力从其他项目中获取所需知识的信念。这种信念的一个方面是人们对完成一个任务的容易程度的主观感知。一个员工通过跨项目学习获取知识越容易，其对获得知识的期望值就越大。沃森和赫维特（2006）对知识型员工进行实证研究，发现感知知识易获得性与用户知识再用的频率呈正相关，也就是说，用户从知识库中获取知识越容易，对获取所需知识的期望值就越高，对这些知识进行再用的频率也就越高。因此推断，在知识型企业内部跨项目学习活动中，员工越容易从公司内部的知识库或其他途径获取其他项目积累的知识，越有可能对跨项目学习感到满意，也就越愿意持续地进行跨项目学习。因此，本书认为知识接受方的感知内部知识易获得性会对其跨项目学习满意度和持续跨项目学习意愿产生积极的影响作用，并提出以下研究假设：

H4a：知识接受方的感知内部知识易获得性对跨项目学习满意度产生正向的影响。

H4b：知识接受方的感知内部知识易获得性对持续跨项目学习意愿产生正向的影响。

4. 跨项目学习满意度

洛克（1976）将员工对工作绩效的满意度定义为个人对工作评价产生的愉快或积极的情绪状态。奥利弗（1980）将这一定义扩展到了消费情境，认为满意度是由不确定的期望与消费者对消费体验的先验感受相结合而产生的概括性心理状态。这两个定义都强调满意度是与预期绩效确认有关。当感知绩效等于或超过期望时，会提高消费者满意度；当感知绩效低于期望时，会降低消费者满意度。借鉴这些研究，本书将跨项目学习满意度定义为知识型企业员工对学习和利用企业内部其他项目的知识所带来的各种结果的主观评价，这些结果包括对内部知识易获得性、利用其他项目的知识完成当前项目工作以及其他项目的知识适用于当前项目工作的满意程度。

满意度不同于态度。态度是知识接受方对于跨项目学习的情感认知；满意度则是知识接受方在进行跨项目学习之后对该学习活动及其结果的主观评价。这一评价包含知识接受方的感性认知与理性认知，对其后期继续花费时间成本和机会成本开展跨项目学习活动具有重要的影响作用等。有研究表明，消费者购买产品或服务后形成的满意度对其持续购买意愿起到正向的影响（Oliver，1980），用户使用信息系统后形成的满意度对其持续使用意愿产生正向的影响（Bhattacherjee，2001）。达甘和阿克科云卢（Daghan and Akkoyunlu，

2016）研究发现，学生对在线学习环境的满意度对持续使用意图具有很强的预测作用。同样地，在知识型企业中，员工跨项目学习后的满意度对其持续学习意愿也会产生重要的影响。因此，本书提出以下研究假设：

H5：知识接受方的满意度对持续跨项目学习意愿产生正向的影响。

5. 外部知识有用性

借鉴沃森和赫维特（2006）的研究，本书将外部知识有用性定义为知识型企业员工感知到的通过企业外部多种渠道获取的知识对当前项目工作的有用程度。互联网普及，特别是移动互联网的普及，促使分散在不同地理位置的个人能够彼此进行知识交流，并以前所未有的方式进行知识交流。越来越多的人通过互联网搜索、加入专业虚拟社区、在线培训等方式获取外部知识，并将其用于解决工作中遇到的实践问题。同时，基于移动互联网的各种学习信息传播也促进了外部线下学习活动，如培训、研讨会、经验分享等。因此，各种线上线下的外部学习渠道成为公司员工获取所需知识的重要选择。赫德豪里西和贾马尔（2015）对至少参与过一个创新项目的项目经理进行调查，实证研究得到，基于互联网的知识搜寻对员工知识创造（即创造性地提出问题解决方案）具有显著的促进作用。

对于知识型企业员工的跨项目学习而言，本书推断，外部知识有用性将是一个重要的影响因素。这是因为，绩效与效用感知是期望确认理论中的一个重要概念（Oliver，1980；Bhattacherjee，2001），知识型企业员工对公司外部知识有用性的感知也是一种典型的对产品或服务使用结果的感知。员工若感知到通过公司外部渠道获取的知识越有用，当其再次遇到项目上的相关问题时，就越有可能从企业外部寻找所需知识，从而削弱在企业内部跨项目学习的意愿，进而减少对企业内部知识的跨项目学习的频率。因此，本书认为外部知识有用性越高，感知内部知识有用性、感知知识增长程度和感知内部知识易获得性对持续跨项目学习意愿的影响程度反而越低。也就是说，外部知识有用性会削弱感知内部知识有用性、感知知识增长程度和感知内部知识易获得性对持续跨项目学习意愿的积极影响作用。据此，本书提出以下研究假设：

H6a：外部知识有用性在感知内部知识有用性与持续跨项目学习意愿之间产生负向调节作用。

H6b：外部知识有用性在感知内部知识易获得性与持续跨项目学习意愿之间产生负向调节作用。

H6c：外部知识有用性在感知知识增长程度与持续跨项目学习意愿之间产生负向调节作用。

第二节　定量研究设计

一、量表与问卷设计

本书主要参考国内外关于期望确认理论以及组织学习等相关研究的成熟量表进行量表设计，并针对本书的研究对象进行适当修正。其中，期望确认度的量表参考了巴塔切吉（2001）、金（Kim，2010）的量表，感知内部知识有用性的量表参考了巴塔切吉（2001）、沃森和赫维特（2006）、库尔卡尼等（2006）的量表，感知知识增长程度的量表参考了何和魏（2009）、赖等（2014）的量表，感知内部知识易获得性的量表参考了赫德豪里亚和贾马尔（2015）、沃森和赫维特

（2006）的量表，满意度的量表参考了库尔卡尼等（2006）、何和魏（2009）的量表，持续跨项目学习意愿的量表参考了巴塔切吉（2001）的量表，外部知识有用性的量表参考了赫德豪里亚和贾马尔（2015）的量表。

　　为了保证本研究的科学性，本书对初步设计的量表进行结构效度检验。具体方法是，把一份量表的所有题项打印出来，将每个题项剪成独立的一个纸条，并将所有题项随时打乱成一堆无序的纸条。按照此做法，打印6份问卷，形成6堆无序的量表题项纸条。然后，邀请两名知识管理领域的老师和4名企业管理专业的研究生，给每个人分一堆纸条，并给每人提供7个变量的操作化定义，让他们根据这些定义对这些纸条进行独立判断和分类。然后，课题组与每一位参与者交流他们的分类结果，特别是讨论了未被归到各个变量的题项的改进方法。

　　此外，还请这6位参与者检查了各题项的措辞，并根据他们的反馈对问卷中有歧义、模糊或不当之处进行修改。比如，有一位老师指出，题项中"其他项目的知识"容易造成歧义，没有说明"其他项目"是公司内部的还是公司外部的。因此，本书对相关题项加了"公司内部"，以明确问题范围。经过这些努力，形成最终的量表，见表4-1。在此基础上，形成最终版问卷。这些题项采用李克特5级量表，其中，1分表示"非常不同意"，2分表示"不同意"，3分表示"不确定"，4分表示"同意"，5分表示"非常同意"。此外，调查问卷还涉及有关受调查者的基本信息，包括性别、年龄、学历、从事的行业、工作时间、所在公司规模、所在部门以及项目合同金额等，以辅助分析。

表 4 – 1   **测量量表**

研究变量		测量题项	题项来源
期望确认度（EC）	EC1	学习和利用公司内部其他项目的知识完成当前项目工作的体验比我预期的要好	借鉴巴塔切吉（Bhattacherjee, 2001），金（Kim, 2010）
	EC2	公司内部其他项目知识的实际利用价值比我预期的要高	
	EC3	总体来说，我对学习和利用公司内部其他项目的知识完成当前项目工作的大部分预期都得到了确认	
感知内部知识有用性（IKU）	IKU1	我认为公司内部其他项目积累的知识对于提高我们项目的工作绩效是有价值的	借鉴巴塔切吉（Bhattacherjee, 2001），沃森和赫维特（Watson and Hewett, 2006），库尔卡尼等（Kulkarni et al., 2006）
	IKU2	我认为公司内部其他项目积累的知识对于提高我们项目的工作效率是有价值的	
	IKU3	我认为公司内部其他项目积累的知识对于提高我们项目的工作效果是有价值的	
	IKU4	总的来说，我认为其他项目积累的知识对我们项目是很有用的	
感知知识增长程度（IKG）	IKG1	我认为学习公司内部其他项目积累的知识有助于我强化对相关专业术语的理解	借鉴何和魏（He and Wei, 2009），赖等（Lai et al., 2014）
	IKG2	我认为学习公司内部其他项目积累的知识有助于促进我知识的增长	
	IKG3	我认为学习公司内部其他项目积累的知识有助于提升我的知识水平	
	IKG4	我认为学习公司内部其他项目积累的知识有助于增强我的能力	
感知内部知识易获得性（IKA）	IKA1	当我需要查找问题解决方案时，可以容易地查阅公司内部其他项目的可用文档	借鉴赫德豪里亚和贾马尔（Khedhaouria and Jamal, 2015），沃森和赫维特（Watson and Hewett, 2006）
	IKA2	当我需要查找问题解决方案时，可以容易地查阅公司内部网的文档	
	IKA3	当我需要查找某一方面的知识时，可以容易地访问公司知识库	

研究变量		测量题项	题项来源
感知内部知识易获得性（IKA）	IKA4	当我需要了解更多与当前项目有关的知识时，可以容易地找到合适的内部专家进行交流和请教	借鉴赫德豪里亚和贾马尔（Khedhaouria and Jamal，2015）、沃森和赫维特（Watson and Hewett，2006）
	IKA5	当我需要寻找当前项目的相似问题的解决方案时，可以容易地访问公司知识库	
跨项目学习满意度（S）	S1	我对获取公司内部其他项目的知识的容易程度感到满意	借鉴库尔卡尼等（Kulkarni et al.，2006）、何和魏（He and Wei，2009）
	S2	我对利用公司内部其他项目的知识完成当前项目工作感到满意	
	S3	我对公司内部其他项目的知识能满足我的工作需求感到满意	
	S4	我对学习和利用公司内部其他项目的知识的结果感到满意	
持续跨项目学习意愿（CCI）	CCI1	我倾向于持续学习和利用公司内部其他项目积累的知识，而不是停止跨项目学习	借鉴巴塔切吉（Bhattacherjee，2001）
	CCI2	我倾向于持续学习和利用公司内部其他项目积累的知识，而不是选择其他学习途径	
	CCI3	在公司内部，我将不再跨项目学习	
外部知识有用性（EKU）	EKU1	通过互联网获取的知识对我的项目工作很有用	借鉴赫德豪里亚和贾马尔（Khedhaouria and Jamal，2015）
	EKU2	通过公司外部在线虚拟社区获取的知识对我的项目工作很有用	
	EKU3	通过公司外部在线培训获取的知识对我的项目工作很有用	
	EKU4	通过公司外部线下学习活动（培训、研讨会、经验交流会等）获取的知识对我的项目工作很有用	

二、样本选择与问卷发放

本书通过在线和实地走访两种途径发放问卷。问卷发放主要针对知识密集型企业，包括高新技术、服务业和制造业三个行业的企业，包括 IT 行业、通信业、新型环保行业、新能源行业、制药等高新技术企业，教育培训、金融服务、律政咨询、房地产等服务型企业，以及装备制造、能源化工、纺织、建筑等制造型企业。借助问卷星网络平台制作和发布在线问卷，主要把问卷地址链接发送给事先联系好的、从事知识密集型工作的朋友填写，还将问卷地址链接发送到 Big Data 分享讨论群、知识库、知识工作、KM 交流、如何成为专家、中国知识管理联盟等微信群，邀请感兴趣的人员填写。此外，我们还对北京中关村科技园区的海淀园和石景山园的企业进行实地走访并现场发放问卷，每个企业只有一个或两个员工填写问卷。中关村科技园是中国第一个国家级高新技术产业开发区，分布在北京 16 个城区，聚集大量的民营高科技企业，是中国自主创新示范区，目标是成为具有全球影响力的科技创新中心。① 因此，对中关村科技园区知识工作者的问卷调研能为本书提供可行的样本数据。本次调查收到线上问卷 291 份、线下问卷 70 份，总共 361 份。通过对回收的问卷进行筛选和整理，剔除掉填写内容互相矛盾、填写时间过短、填答者不符合调查对象要求的问卷以及填写不完整的问卷，最终得到有效问卷 318 份，包括线上有效问卷 258 份和线下有效问卷 60 份。本书对受调查者的基本信息进行描述性统计分析，统计结果如表 4-2 所示。

表 4-2　　　　　　样本描述性统计表

统计对象	分类	样本数	所占比例（%）
性别	男	204	64.1
	女	114	35.9

① http://zgcgw.beijing.gov.cn/zgc/zwgk/sfqgk/sfqjs/index.html.

续表

统计对象	分类	样本数	所占比例（%）
年龄	30 岁以下	154	48.4
	31～40 岁	110	34.6
	41～50 岁	47	14.8
	51 岁以上	7	2.2
学历	专科及以下	67	21.1
	本科	186	58.5
	硕士研究生	53	16.6
	博士研究生	12	3.8
从事的行业	高新技术行业	125	39.3
	服务业	93	29.2
	制造业	100	31.5
工作时间	3 年以内	121	38.1
	3～5 年	56	17.6
	6～10 年	75	23.6
	11～15 年	30	9.4
	15 年以上	36	11.3
所在公司规模	50 人以下	49	15.4
	51～100 人	57	17.9
	101～500 人	73	23.0
	501～1000 人	45	14.2
	1000 人以上	94	29.5
所在部门	生产部门	73	22.9
	研发部门	120	37.8
	市场与销售部门	61	19.2
	职能部门及其他	64	20.1
项目合同金额	50 万元以下	98	30.8
	51 万～100 万元	62	19.5
	101 万～500 万元	69	21.7
	501 万～1000 万元	32	10.1
	1000 万元以上	57	17.9

从表 4-2 可以看到，在收回的有效问卷中，从性别看，男性样本占比 64.1%，女性样本占比 35.9%，前者明显多于后者。从年龄看，调研对象在 30 岁以下的占比 48.4%，在 31~40 岁的占比 34.6%，在 41~50 岁的占比 14.8%，51 岁以上的占比 2.2%。这说明在知识型企业工作的员工年龄大部分比较年轻，具有充沛的活力开展跨项目学习活动。从学历看，调研对象具有本科学历的最多，占比 58.5%，硕士和博士学历分别占比 16.6% 和 3.8%，专科及以下学历占比 21.1%。这说明调研对象与本研究知识型企业员工的调查要求相符合。从行业看，调研对象分布在高新技术企业、服务业和制造业的比率分别为 39.3%、29.2% 和 31.5%，这表明回收问卷涉及的都是知识型企业，符合本研究的调查要求。从工作时间看，调研对象从事所在行业工作在 3 年以下的占比 38.1%，工作 3~5 年的占比 17.6%，工作 6~10 年的占比 23.6%，工作 11~15 年的占比 9.4%，工作 15 年以上的占比 11.3%。可以看出，调研对象的工作时间主要集中在 3 年以上，这说明被调查者对其所在的行业较为了解，具有相对较丰富的跨项目学习经验。从所在公司规模看，调研对象的分布相对而言较为均匀，其中，公司规模在 1000 人以上的样本占比 29.5%，501~1000 人的样本占比 14.2%，101~500 人的样本占比 23.0%，51~100 人的样本占比 17.9%，50 人以下的样本占比为 15.4%。从所在部门看，调研对象在研发部门的最多，占 37.8%，在生产部门、市场与销售部门、职能部门及其他的分别占 22.9%、19.2%、20.1%。从项目合同金额看，调研对象所承担项目金额在 50 万元以下的占 30.8%，其次是 101 万~500 万元，占 21.7%，接着是 51 万~100 万元和 1000 万元以上，分别占 19.5% 和 17.9%，501 万~1000 万元的占 10.1%。

第三节　定量实证分析

一、无偏差评估

由于样本数据是通过在线和现场两种途径发放问卷并回收得到的，因而采用 SPSS 22.0 软件检验这两种途径所得样本数据之间的偏差情况。使用独立样本 T 检验对两组数据进行计算和比较，结果如表 4－3 所示。可以看出，所有变量的差异显著性水平 P 值均高于 0.05。这说明，通过在线和现场两种途径收集的样本数据对本研究没有偏差影响。

表 4－3　　　　　　　　　　　样本数据无偏差评估

变量	T 值	P 值
期望确认度	－1.466	0.144
感知内部知识有用性	－0.852	0.395
感知内部知识增长程度	－0.496	0.621
感知内部知识易获得性	0.274	0.784
跨项目学习满意度	0.113	0.910
外部知识有用性	－1.087	0.316
持续跨项目学习意愿	0.529	0.597

二、因子分析

首先对变量进行探索性因子分析，以挑选、剔除明显不合理的题项。如果存在重载题项，即有两个或以上因子的载荷系数大于 0.5 的题项；或存在空载题项，即所有因子载荷都小于 0.5 的题项，则需要对这些题项进行删除处理，以优化量表体系。其次，采用 SPSS 22.0 软件，对期望确认度、感知内部知识有用性、感知内部知识易获得性、感知知识增长程度、跨项目学习满意度、外部知识有用性以及持续跨项目学习意愿和这7个变量的题项进行探索性因子分析,挑选并删除三个重载题项以及空载题项之后,再进行探索性因子分析,得到析出7个因子的旋转后因子矩阵,如表4-4所示。此时已不存在重载及空载题项,优化后的量表符合因子分析要求。

表4-4 探索性因子分析结果

变量	因子						
	1	2	3	4	5	6	7
EC1	0.133	0.169	0.047	0.213	0.168	**0.809**	0.101
EC2	0.225	0.155	0.005	0.162	0.189	**0.777**	0.135
EC3	0.131	0.135	-0.019	0.084	0.237	**0.778**	0.162
IKU1	0.048	**0.777**	0.101	0.020	0.184	0.028	0.186
IKU2	0.029	**0.782**	0.064	-0.022	0.104	0.224	0.053
IKU3	0.074	**0.813**	0.102	0.040	0.110	0.092	0.102
IKU4	0.094	**0.866**	0.003	0.060	0.142	0.093	0.143
IKG1	0.072	0.024	0.070	**0.784**	0.178	0.066	0.043
IKG2	0.093	0.025	0.040	**0.771**	0.109	0.146	0.114
IKG3	0.069	0.023	0.079	**0.853**	0.092	0.113	0.124
IKG4	0.047	0.020	0.035	**0.747**	0.198	0.083	0.175
IKA1	**0.738**	-0.049	0.134	0.017	0.033	0.152	0.189
IKA2	**0.834**	0.109	0.119	0.010	0.056	0.076	0.150
IKA3	**0.801**	0.082	0.065	0.081	0.137	0.104	0.072
IKA4	**0.685**	0.043	0.123	0.151	0.035	0.123	0.020
IKA5	**0.822**	0.072	0.089	0.046	0.076	0.018	0.000
S1	0.125	0.149	0.098	0.228	**0.676**	0.225	0.124
S2	0.134	0.156	0.062	0.181	**0.745**	0.243	0.030
S3	0.039	0.124	0.036	0.114	**0.721**	0.113	0.215
S4	0.066	0.168	0.037	0.159	**0.836**	0.071	0.171
EKU1	0.080	0.056	**0.880**	0.056	0.058	-0.003	0.069

续表

变量	因子						
	1	2	3	4	5	6	7
EKU2	0.138	0.112	**0.777**	0.026	0.055	0.088	-0.092
EKU3	0.139	0.087	**0.864**	0.055	0.054	-0.048	0.097
EKU4	0.132	0.004	**0.819**	0.084	0.026	0.003	0.064
CCI1	0.179	0.148	0.100	0.191	0.167	0.095	**0.785**
CCI2	0.187	0.198	0.006	0.188	0.127	0.165	**0.775**
CCI3	0.057	0.172	0.037	0.123	0.231	0.137	**0.764**

三、测量模型分析

(一) 信度检验

信度检验是指基于问卷数据检测变量题项内部的稳定性和一致性，常用的测量指标有克隆巴赫系数（cronbach's alpha，CA）和组合信度（composite reliability，CR）。根据已有研究，CA 值在 0.6 以上表示信度可接受，在 0.7 以上表示信度较好，在 0.8 以上表示信度非常好（Churchill and Peter，1984）；CR 值大于 0.6，说明数据的内在质量较高，即观测变量能较为稳定地测量潜变量（Bagozzi and Yi，1988）。对各变量进行信度分析，结果如表 4-5 的第二列和第三列所示，所有变量的 CA 值和 CR 值均大于 0.8，满足良好信度的要求，这说明本研究使用的问卷数据具有较高的信度。

表 4-5　　　　　　　信度和效度检验结果

变量	CA	CR	AVE	EC	IKU	IKG	IKA	S	EKU	CCI
EC	0.841	0.831	0.621	0.788						
IKU	0.864	0.884	0.657	0.413***	0.811					
IKG	0.839	0.869	0.624	0.427***	0.154**	0.790				
IKA	0.861	0.884	0.605	0.402***	0.232***	0.228***	0.778			

续表

变量	CA	CR	AVE	EC	IKU	IKG	IKA	S	EKU	CCI
S	0.828	0.834	0.558	0.574 ***	0.448 ***	0.476 ***	0.299 ***	0.747		
EKU	0.870	0.903	0.699	0.102	0.184 **	0.188 **	0.316 ***	0.197 **	0.836	
CCI	0.815	0.818	0.600	0.497 ***	0.461 ***	0.453 ***	0.395 ***	0.545 ***	0.197 **	0.775

注：对角线上的数字为平均变异抽取量的平方根，其下面的数字为变量之间的相关系数。*、**、*** 分别表示10%、5%、1%的显著水平，下同。

（二）效度检验

效度检验是用来检测量表是否能准确测量出所需测量的变量，通常包括结构效度和内容效度两方面，结构效度又分为聚合效度和区分效度。内容效度主要用于检验量表设计中的测量题项是否能准确反映潜变量的基本内容。由于本书的量表设计参考了已有文献中的成熟量表，并邀请与本研究相关领域的2名老师和4名硕士研究生对所设计的量表进行分类和措辞评价，并根据反馈意见做了改进，因而本研究的内容效度能够得到有效保证。因此，这里主要进行结构效度分析。在前面邀请测试者对测量题项进行分类的基础上，本书还采用 SPSS 22.0，检验测量量表的聚合效度和区分效度。

聚合效度通常采用因子载荷和平均变异抽取量（average variances extracted，AVE）进行检验。从表4-4加粗部分可知，各个变量的所有题项的因子载荷都大于0.6，均高于海尔等（Hair et al.，1995）提出的建议值0.5。从表4-5可知，各个变量的 AVE 均大于已有文献常用的标准值0.5。这两个指标的结果都表明，本研究所开发的测量量表具有较好的聚合效度。

对于区分效度，本书采用两种方法进行检验。第一种方法是因子载荷评估，从表4-4可以看出，一个构念的题项的载荷都大于这些题项在其他构念上的载荷。第二种方法，采用法内尔和拉尔克尔

（Fornell and Larcker，1981）建议的方法，通过比较 AVE 的平方根和变量之间相关系数的大小关系进行检验区分效度。若每一个变量的 AVE 值平方根大于其与其他变量之间的相关系数，说明量表具有良好的区分效度。在表 4 - 5 中，对角线数据为各变量的 AVE 值平方根，其下面为变量之间的相关系数。可以看出，各变量的 AVE 值平方根均大于其与其他变量之间的相关系数。这两种方法得到的结果都说明，本研究所采用量表具有较好的区分效度。

四、结构模型分析

在信度检验和效度检验的基础上，本书运用 AMOS 23.0 软件，分别从绝对适配度、增值适配度和简约适配度三个方面对整体模型的拟合度进行检验，检验结果如表 4 - 6 所示。可以看出，这三个方面的拟合度指标均符合评价标准，说明样本数据与研究模型的契合度较好，研究模型的拟合度可接受。此外，共线性诊断结果表明，所有自变量对应的膨胀因子都小于 10，因而不存在共线性问题。

表 4 - 6　　　　　　　　　　模型拟合度

指标类别	统计检验量	适配标准或者临界值	检验结果
绝对适配指数	χ^2 / df	< 3	1.298
	RMSEA	< 0.08	0.031
	GFI	> 0.90	0.919
	AGFI	> 0.90	0.902
增值适配指数	NFI	> 0.90	0.901
	IFI	> 0.90	0.976
	TLI	> 0.90	0.972
	CFI	> 0.90	0.975
简约适配指数	PGFI	> 0.50	0.754
	PNFI	> 0.50	0.799

本书运用结构方程模型进行路径分析，计算各潜变量的标准化路径系数，假设检验结果如表4-7所示。从表4-7可以看出，研究假设H1a、H1b、H1c、H1d、H2a、H2b、H3a、H3b、H4b、H5得到支持，期望确认度对感知内部知识有用性（β=0.389，t=6.334）、感知内部知识易获得性（β=0.418，t=6.050）、感知知识增长程度（β=0.375，t=6.449）和跨项目学习满意度（β=0.329，t=4.263）具有显著、正向的影响。感知内部知识有用性对跨项目学习满意度（β=0.270，t=4.113）和持续跨项目学习意愿（β=0.324，t=4.151）具有显著、正向的影响。感知知识增长程度对跨项目学习满意度（β=0.323，t=4.335）和持续跨项目学习意愿（β=0.345，t=3.857）具有显著、正向的影响。感知内部知识易获得性对持续跨项目学习意愿（β=0.232，t=3.489）具有显著、正向的影响。跨项目学习满意度对持续跨项目学习意愿（β=0.279，t=3.141）具有显著、正向的影响。但是，感知内部知识易获得性对跨项目学习满意度的影响不显著，也即研究假设H4a不成立。此外，研究结果显示，控制变量对因变量的影响效应均不显著。

表4-7   **结构模型检验**

研究假设	路径	路径系数（β）	p值	t值	检验结果
H1a	期望确认度→感知内部知识有用性	0.389	***	6.334	支持
H1b	期望确认度→感知知识增长程度	0.375	***	6.449	支持
H1c	期望确认度→感知内部知识易获得性	0.418	***	6.050	支持
H1d	期望确认度→跨项目学习满意度	0.329	***	4.263	支持
H2a	感知内部知识有用性→跨项目学习满意度	0.270	***	4.113	支持
H2b	感知内部知识有用性→持续跨项目学习意愿	0.324	***	4.151	支持

续表

研究假设	路径	路径系数（β）	p 值	t 值	检验结果
H3a	感知知识增长程度→跨项目学习满意度	0.323	***	4.335	支持
H3b	感知知识增长程度→持续跨项目学习意愿	0.345	***	3.857	支持
H4a	感知内部知识易获得性→跨项目学习满意度	0.042	0.473 (n.s.)	0.717	不支持
H4b	感知内部知识易获得性→持续跨项目学习意愿	0.232	***	3.489	支持
H5	跨项目学习满意度→持续跨项目学习意愿	0.279	**	3.141	支持
	工作经验→持续跨项目学习意愿	0.045	0.148		
	项目规模→持续跨项目学习意愿	0.026	0.339		
	组织规模→持续跨项目学习意愿	0.037	0.228		

注: *** 表示在1%水平下显著相关，** 表示在0.01 水平下显著相关，n.s. 表示没有显著相关关系。

五、调节效应分析

本书运用 SPSS 22.0 软件，去中心化处理后，对外部知识有用性在知识变量（感知内部知识有用性、感知内部知识易获得性、感知知识增长程度）与持续跨项目学习意愿之间的调节作用进行分析，分析结果如表4-8所示。从表4-8可以看出，模型2中感知内部知识有用性和外部知识有用性的交互项（β = -0.165，t = -3.331）在1%的水平上显著。因此，外部知识有用性在感知内部知识有用性与持续跨项目学习意愿间的关系中起到负向调节作用，即假设 H6a 得到支持。但是，模型2中感知内部知识易获得性与外部知识有用性、感知内部知识增长程度与外部知识有用性的交互项都不显著，即假设 H6b、H6c 得不到支持。

表 4 – 8 调节效应检验结果

研究变量及交叉项	持续跨项目学习意愿	
	模型 1	模型 2
工作时间	0.076	0.069
所在公司规模	0.073	0.047
项目合同金额	− 0.030	− 0.009
感知内部知识有用性	0.310 ***	0.291 ***
感知内部知识易获得性	0.194 ***	0.180 ***
感知内部知识增长程度	0.312 ***	0.307 ***
外部知识有用性		0.004
感知内部知识有用性 × 外部知识有用性		− 0.165 ***
感知内部知识易获得性 × 外部知识有用性		− 0.017
感知内部知识增长程度 × 外部知识有用性		− 0.012
R^2	0.314	0.343
调整后 R^2	0.301	0.321
R^2变化量		0.022
F	23.746 ***	16.007 ***

注：*** 表示在 1% 水平下显著相关。

第四节 定量实证结果讨论

根据上一节的研究结果，期望确认度对感知内部知识有用性（H1a）、感知知识增长程度（H1b）、感知内部知识易获得性（H1c）、跨项目学习满意度（H1d）起到显著的促进作用均得到了验证。这说明员工对跨项目学习的期望得到高度确认时，会认为自己之前对通过跨项目学习来提高工作绩效、获得知识成长以及在此过程中获取知识的难易程度等一系列结果的感知和满意度较低，从而抬高相应的主观评价。这些结果验证了期望确认理论关于期望确认影响用户或消费者对某一产品或服务使用结果的感知程度的观点。

感知内部知识有用性对跨项目学习满意度（H2a）、持续跨项目学习意愿（H2b）均起到显著促进作用的理论假设得到了验证。这说明员工对公司内部其他项目积累知识的有用性的主观评价越高时，对跨项目学习的满意度越高，越愿意持续开展跨项目学习活动。这些研究结果与崔春阳等（2017）和刘振华（2017）的研究结果基本一致。

感知知识增长程度对持续跨项目学习意愿起到显著的促进作用（H3b）得到了验证，这与李力（2016）研究结论基本一致。本书基于期望确认理论，进一步分析了感知知识增长程度对跨项目学习满意度的影响，假设 H3a 也得到了验证，说明员工对跨项目学习所带来自身知识、经验和能力的提升的主观评价越高时，对跨项目学习的满意度越高，更愿意持续开展跨项目学习活动。

感知内部知识易获得性对持续跨项目学习意愿起到显著促进作用的理论假设（H4b）得到验证。这与沃森和赫维特（2006）研究得到的"知识易获得性对知识再用频率有积极的影响作用"的结论具有一致之处。但是，感知内部知识易获得性对跨项目学习满意度的积极影响的假设（H4a）却没有得到验证。一个重要的原因可能是感知知识有用性和感知知识增长的影响。纽威尔和埃德尔曼（2008）的研究得到，项目成员往往不愿意从公司其他项目获取知识，因为他们认为这些知识对他们的工作帮助不大。赵等（2015）通过双案例研究发现，在 IT 服务企业，知识接受方项目团队的经理和成员可能倾向于依赖自己的专业知识和经验来解决项目问题，而不是从公司内部的另一个项目团队获取知识，除非他们认为知识源项目团队能够提供他们需要的有用知识。即使知识接受方项目团队面临项目时间压力，他们首先要做的是对是否需要跨项目获取知识进行评估，以确定解决问题的最有效方法。也就是说，影响员工跨项目学习满意度的关键因素是员工对知识有用性和成长效用的感知，而非对知识易获得性的感知。这与前面感知知识有用性和感知知识成长影响满意度的研究结论相一致。因此，即使感知内部知识易获得性对持续跨项目学习意愿有积极的促进作用，但对跨项目学习所带来的知识有用性和知识增长的感知程度可能不是很高，使得知识型企业员工对感知内部知识易获得性所带来的满意度较低，进而导致感知内部知识易获得性未对员工的跨项目学习满意度产生显著的积极影响。这意味着，知识型企业需重视提高以前项目知识、经验的质量，提升员工的跨项目学习满意度。

跨项目学习满意度对持续跨项目学习意愿起到显著的促进作用（H5）得到了验证。这与前人的研究结果基本一致，说明员工对跨项目学习的满意度越高时，越愿意持续地进行跨项目学习。

外部知识有用性在感知内部知识有用性与持续跨项目学习意愿之间（H6a）起到负向调节作用得到了验证，但外部知识有用性在感知内部知识易获得性（H6b）、感知知识增长程度（H6c）与持续跨项目学习意愿之间起到负向调节作用没有得到验证。这说明，从企业外获取的知识能够帮助员工节省工作时间和提高项目工作效率，但不一定有助于其提高知识水平和工作能力。另外，尽管外部知识多样化，但其特征更偏向于行业通用性。而对于企业内部的跨项目学习而言，企业内部其他项目所提供的知识的实践性和情境性与员工个人所承担项目的实践和情境较为相近，这是因为同一个企业所承担的项目具有一定的相似性。所以，与外部知识相比，在企业内部学习其他项目的经验和知识能使员工更快地增长知识和提升项目实践能力。还有，虽然外部知识获取渠道尽管多种多样，但相对而言，从企业内部获取真正有用的知识会显得更为便利。

　　所以说，员工感知内部知识易获得性和感知知识增长程度是十分重要的，这两个知识变量对员工持续跨项目学习意愿的正向提升作用不会因为外部知识有用性的提升而有所减弱。

　　这可能是因为企业内部其他项目的知识对提升员工专业性知识和情境性知识更为重要。外部知识获取渠道尽管多种多样，但偏向于通用性，对个人成长的重要性较弱。

第五章　知识型企业员工跨项目学习的治理策略[①]

第一节　理论分析框架

本章在通过案例研究方法识别知识型企业员工跨项目学习的治理策略之后，将进一步分析这些策略对跨项目学习的影响关系和作用路径。本书认为，社会认知理论适用于解释这一问题，这主要体现在以下两个方面：一是研究层面的适用性。由前面章节的论述分析可知，社会认知理论适用于分析和研究个体层面的问题。本章关注知识源和知识接受方项目成员在跨项目知识转移与学习过程的行为和认知因素，因而适合采用社会认知理论作为理论基础。二是研究变量内涵的吻合性。社会认知理论三元交互观点中的三个重要变量分别是环境、个体认知和个体行为。对于个人行为，班杜拉侧重研究个人的观察学习行为。观察学习通过个体对他人示范行为的注意、保持、再

————

①　赵大丽，赵继新. 跨项目知识转移的治理策略及其作用机制：基于 IT 服务企业的案例研究［J］. 中国人力资源开发，2017（7）：99－109.

生和强化等系列环节来完成。它具有几个重要特点：个体可通过观察获得间接经验，无须亲身经历试错学习；个人并非都是简单、机械地照搬他人的经验，而会创造性地对这些经验进行整合，形成更优的行为及结果；在获取和学习间接经验的整个过程中，个体的认知发挥着重要的作用。跨项目学习也是一种典型的观察学习活动。这是因为，企业开展跨项目的知识转移与学习的目的是为了将知识源项目积累的经验和知识转移、再用到知识接受方项目，以使知识接受方项目团队成员能够快速获取解决问题所需要的知识，以提高项目实施效率和绩效。也就是说，接受方项目团队成员无须都亲自试错和创造新知识，部分知识通过认知和创造性学习而从企业内部其他项目（即知识源项目）获取。因此，强调对项目实施经验与已有知识进行间接学习的跨项目学习行为与班杜拉侧重研究观察学习行为在本质内涵上是一致的。

对于个人因素，社会认知理论强调主体认知的重要性，即认为主体能够通过调节自我认知而调节环境因素对其行为的影响。由于项目团队成员是知识的主要载体和运用者，也是跨项目学习的主要执行者。跨项目学习的有效进行，需要知识源项目团队成员借助认知机制转移和共享有用的知识，同时需要知识接受方项目团队成员借助认知机制吸收和学习知识源项目的知识。因此，项目团队成员的认知因素是企业跨项目学习的一个重要因素。所以，社会认知理论强调主体认知重要性的思想可用于解释跨项目学习强调参与主体认知因素的重要性。

对于环境因素，社会认知理论认为环境能够影响个体认知和行为。跨项目学习发生在一定的组织情境中，必然也会受这些情境因素的影响。这些情境是跨项目学习活动所依托的环境。从企业采取组织管理机制以知识的高效跨项目转移和学习的主观努力看，这些组织情境因素即为组织针对跨项目学习而采取的知识治理策略。因此，社会认知理论强调个体行为受环境影响的逻辑可用于解释项目成员的跨项目学习行为受到组织知识治理策略影响的问题。

如前所述，知识治理是指组织选择合适的组织结构和机制，以优化知识的转移、利用、创造等活动的效果（Grandori，2001）。在项目型企业，知识治理体现为组织为支持跨项目知识转移和学习、追求该学习活动最佳效果而采取的各种组织管理策略（Zhao et al.，2015）。已有研究显示，影响企业跨项目知识转移和学习的知识治理策略主要涉及组织的职能结构（Björkegren，1999；Gold，2001）、制度（Cacciatori et al.，2012；Eriksson，2013）、文化（Disterer，2002；楚岩枫、黄晓琼，2013）和技术（Soderquist，2006；Cacciatori et al.，2012）四大方面。因此，借鉴已有研究，本书将从这四个方面分析案例企业内部影响跨项目知识转移和学习的知识治理策略。

行为理论认为，对于任何层面的任何事情，行动者需要同时具备高效行动的能力和动机才能取得高绩效（Baldwin，1959）。社会认知理论中的主体认知因素主要涉及主体感知到的执行特定行为所需的能力及动力，即"我能"和"我愿意"，它们共同影响主体的决策制定、愿望、要投入多少精力在某一行为上、他们在困难和挫折面前坚持多久、他们的思维模式是自我妨碍的还是自我帮助的（Bandura，2001）。对于跨项目学习而言，其具体活动涉及知识源项目团队成员转移知识和知识接受方项目团队成员学习知识两个环节。跨项目学习影响因素、知识转移与再用的影响因素等相关领域的研究文献，在分析主体因素时，基本上都涉及知识源转移与分享知识的能力和意愿、知识接受方吸收和学习知识的能力和意愿（Disterer，2002；

Newell et al., 2006；Landaeta，2008；Bakker et al.，2011；Khed-haouria and Jamal，2015）。因此，基于社会认知理论，同时借鉴已有研究，本书将知识型企业跨项目学习中的项目成员认知分为"我能"和"我愿意"两个方面的认知因素，即能力认知和期望认知。其中，能力认知包括知识型企业内部知识源项目团队成员跨项目转移与分享知识的能力，以及知识接受方项目团队成员跨项目吸收和学习知识的能力，后者包括知识源项目团队成员跨项目转移与分享知识的意愿，以及知识接受方项目团队成员跨项目吸收和学习知识的意愿。

根据三元交互观点，社会认知理论提供了环境因素、主体因素与行为因素之间的两条影响路径。社会认知理论强调环境因素、主体因素与行为因素的彼此交互影响，而已有研究倾向于据此分析环境因素对认知因素、行为因素的影响路径，比如，蔡和程（Tsai and Cheng，2010）研究了组织氛围对主体认知进而主体知识共享意愿的影响机理，陈和林（Chen and Lin，2013）研究了文化智能对团队知识共享的直接与间接两种影响机制。因此，本书借鉴这些应用研究文献，侧重于借鉴社会认知理论中的环境因素对主体认知因素和行为因素的影响路径，研究组织知识治理策略因素对项目团队成员认知因素和跨项目学习的影响关系和作用路径。

概括而言，本书将采用多案例分析方法，从组织的职能结构、制度、文化和技术四大方面，分析 IT 服务企业为促进跨项目知识转移和学习而采取的知识治理策略。然后，借鉴社会认知理论中环境因素既对行为因素产生直接影响作用，又通过影响主体认知因素进而对行为因素产生间接影响作用的两条影响路径，通过案例分析，探索各个方面的组织知识治理策略对跨项目学习的直接影响关系，以及这些组织知识治理策略通过知识源项目团队成员和知识接受方项目团队成员的能力认知和期望认知进而对跨项目学习的间接影响关系。

第二节 案例研究设计

一、案例选择

（一）案例选择的原则

案例研究方法适用于探索"怎么样"的问题，适用于围绕研究问题挖掘和揭示实践规律（Eisenhardt，1989，1991）。本书研究知识型企业跨项目学习的治理策略及其通过影响项目团队成员认知进而影响跨项目学习的作用机制，具有明显的探索性特征，因而适合采用案例研究方法。

根据开展研究的实际需要，结合多案例研究方法的优势，本书采用多案例研究方法。多案例研究有助于更全面地了解研究问题在实践中不同方面的反映，从而形成更完整、更有说服力的研究结论（Eisenhardt，1989，1991）。此外，多案例研究能够通过不同案例重复支持类似结论的方式提高研究效度（Eisenhardt，1989，1991）。比如，多个案例可以同时指向一个证据，或为相互的结论提供支持，这样能提高案例研究的有效性，使案例研究更全面、更有说服力。本书研究的是知识型企业内部跨项目学习的治理策略及其作用机制，为提高研究的有效性，需要从实践中了解更多的真实情况和总结更丰富的规律。因此，本书研究有必要采用多案例研究方法。

借鉴已有研究，案例选择兼顾以下3个因素，案例数据的可获取性、典型性和研究便利性（彭新敏等，2011）。本书研究选取两家知识密集型的IT服务企业作为调研对象。第一家企业（以下称为"服务A企业"）提供专业的知识管理应用软件及服务，第二家企业（以下称为"服务 B 企业"）提供企业管理系统等软件服务，详细的内容见下一部分的案例简介。这两家 IT 服务企业均具有行业代表性。它们都属于 IT 服务行业，成立时间都在 5 年以上，业务范围覆盖的行业广泛、服务项目数量多，所承担的不同 IT 项目在时间上具有连贯性、在服务内容上具有一定的相似之处。这些能有效地保证了在案例调研中相关纵向数据的可获取性。同时，服务 A 企业和服务 B 企业都将跨项目知识转移视为一种战略需求，都注重项目实施经验的积累、跨项目分享与再用，并已开发了内部工作流程来推动这项知识活动，因而在公司跨项目知识转移活动开展方面也具有代表性。此外，研究团队与受访企业一直保持良好的合作关系。这两家受访企业网站建设完善、资料公开度高，且均地处北京，交通便利。这些都为一手数据和二手数据的获取提供较大的便利。

（二）案例简介

1. 服务 A 企业

服务 A 企业为国内一家软件股份有限公司在北京地区的分公司。该软件股份有限公司建立于 2001 年 4 月，专业从事组织知识管理应用解决方案的管理咨询、软件研发和定制服务，为大型企业及高端用户提供行业内专业的内外部流程梳理与顾问咨询服务，为传统行业向移动互联网转型提供完整的规划，帮助企业提高整体效率和水平。它以管理咨询业务和 IT 服务业务为依托，融合现代 IT 技术和创新管理思想，致力于为客户提供知识管理解决方案，通过基于知识管理的企业知识化平台系列软件的提供、开发、实施和完整的知识管理培训及咨询服务为客户创造价值。公司建立了规范的产品研发、咨询、培训、销售和服务体系，有效地构建了技术、应用、管理的价值链和增值工程，优化和整合了资源，基于先进的项目管理和知识管理模式为客户提供优质的产品和服务。它是国内知名的大平台 OA 服务商和知识管理应用解决方案提供商的领头军。如今已拥有 19 家分支机构，拥有大批资深的专业技术人员、资深咨询顾问和项目管理专家。

服务 A 企业作为该软件股份有限公司的分公司，自 2011 年开始专注精品移动平台软件开发，是一家致力于为企业提供移动互联网化解决方案的综合服务型公司，注册资金 100 万元。其主要业务涉及 App、微信、HTML5 定制开发，具体包括 App 定制化产品设计、研发及推动上线，专注为企业提供互联网产品；为有转型需求的企业组建互联网技术开发团队，提供人员考核、技术指导和培训，引领企业互联网转型。公司提供定制化及专业解决方案两类产品服务，开发领域涉及苹果手机、苹果平板电脑、安卓和微软手机等移动平台，所服务对象涉及社交、娱乐、生鲜电商、美业、生活服务、百货商场、社区、新闻、餐饮、出行、旅游、健康、教育、机械、数码、出版等行业和领域。截至 2015 年，服务 A 企业拥有超过 300 家的客户，包括新华社、万科、金融街、神州租车、汉能集团、链家地产、北旅、中国平安、大唐电信、泰达集团等。其中，长期合作的 500 强企业客户有 40 家。公司为客户提供高效率、高质量的服务，通过科学严谨的实施方案、完善的项目流程管理和优秀的技术成果获得客户极高的评价。

服务 A 企业注重研发与服务案例的积累与创新。它的服务行业跨度大、覆盖广，拥有丰富的研发案例，在各领域都有着相当丰富的产品和技术经验积累。比如，积累了大量的移动应用开发经验、网页漏洞及第三方应用漏洞防护等方面经验。该公司通过不断的专业技术研发创新和项目经验积累，为众多品牌企业提供服务，并在合作中赢得企业好评。同时，该公司还不断地积累行业经验，致力于产品创新与客户价值提升。

2. 服务 B 企业

服务 B 企业为一家国际软件有限公司在北京的下属分支机构和华北区区域管理中心。其总部创建于 1993 年 8 月，于 2005 年 7 月在香港证券交易所成功上市。该软件公司是亚太地区领先的企业管理软件及电子商务应用解决方案供应商，是全球软件市场中成长最快的独立软件厂商之一，是中国软件产业的领导厂商。公司秉承"主动服务、快速反应"的服务理念，向全球范围内的顾客提供与软件产品相关的管理咨询、实施与技术服务，产品及服务覆盖企业的财务管理、供应链管理、客户关系管理、人力资源管理、知识管理、商业智能等，并能实现企业间的商务协作和电子商务的应用集成。该公司不仅服务产品完备，而且服务方式有自身的特色。比如，该软件公司向客户提供热线、网络、现场以及远程等全方位、多元化的服务方式，成功搭建和推行企业信息化成功经验大型推广平台，以案例带动应用、以应用促进发展的方式，帮助客户总结并提炼出满足企业管理信息化需求的工具和方法。

目前，该国际软件公司已在我国设置几十家以营销与服务为主的分支机构，拥有一两千家咨询、技术、实施服务、分销等合作伙伴，其营销、服务及伙伴网络覆盖我国 200 多个城市和地区，并已进入新加坡、马来西亚、越南等亚太地区，形成便利的、综合的服务网络。服务 B 企业作为该国际软件公司在北京的下属分支机构和北区区域管理中心，主要业务是销售 ERP 软件、提供企业信息化咨询及解决方案、实施企业 ERP 系统、售后服务和产品二次开发，拥有4000 多家客户，营销和服务范围遍布北京及周边区县。

服务 B 企业及其所在公司总部在为客户提供产品和服务时，有一个明显的特点是强调依靠知识经验积累和创新来提升产品和服务质量水平。典型的例子是，在整个公司搭建和推行企业信息化成功经验大型推广平台，目的是促进项目经验知识的积累、扩散和再用。服务 B 企业还提出了基于知识积累、再用与创新的自身的使命和目标，即通过不断创新、知识积累和流程优化，开发先进可靠的应用软件产品，为顾客创造价值，帮助客户企业提升管理竞争力，帮助顾客成功，努力成为其所在地区第一的企业管理系统提供商。

从以上对两个案例的背景分析可知，本案例所选择的服务 A 企业和服务 B 企业满足前面提到的案例选择的代表性、数据可获取性和便利性的要求。也就是说，这两家企业都属于 IT 服务行业，成立时间都在 5 年以上，业务范围覆盖的行业广泛、服务项目数量多，不同 IT 项目在时间上具有连贯性、在服务内容上具有一定的相似之处，公司制度也较为规范。这两家企业都是典型的知识密集型行业，都注重项目实施经验的积累、跨项目分享与再用，以及基于以往经验的研发创新。这些现象实为经验知识的跨项目转移与学习，因而在公司跨项目学习活动开展方面具有代表性。这些能有效地保证了在案例调研数据的可获取性。更重要的是，这两家企业都将知识的跨项目转移与学习视为一种战略需求，并用已开发了的内部工作流程来推动这项知识学习活动。因此，这两家企业符合本书研究的需要，适合进行案例分析。

二、数据来源

本书主要采用正式访谈方法收集案例数据。在具体访谈时，采用半结构化方式，围绕研究主题而展开。比如，以这样的提问方式推进访谈活动。"您能否谈谈哪些组织管理因素会对不同项目实施团队间的经验交流与共享有影响?""您能否举些相关的例子说明一下?""还有其他的吗?"等。本案例研究的访谈工作分为三个阶段,包括访谈前的访谈对象联络和访谈提纲设计、正式访谈和访谈后的录音转译工作。

在正式访谈之前,围绕研究主题和理论框架,本书设计了相应的访谈提纲。通过往返邮件和电话联系服务 A 企业和服务 B 企业的项目负责人或部门经理,向对方传达访谈的主要目的,由其负责企业内部受访对象的联系和时间安排。本课题的调研团队积极配合这两家 IT 企业受访人员的受访安排。在此过程中,调研团队详细地表达了调研的目的、对受访对象的要求、访谈的主题、专业词语的解释及简要的访谈提纲,并和事业部负责人取得联系。此外,调研团队还事先通过网络查阅服务 A 企业和服务 B 企业的相关资料,了解他们的业务范围、组织结构、客户类型、公司出版物、新闻动态等,为深度访谈做准备。

经过访谈前的沟通协调,调研团队参观了服务 A 企业和服务 B 企业。访谈对象来自服务 A 企业华北区事业部和服务 B 企业房地产事业部各自配对的两个并行实施项目的相关 IT 工作者,共 9 人。服务 A 企业的这组配对项目主要为两家国内客户服务:一个客户是啤酒制造商(称为 A_啤酒),另一个客户是饮料生产厂家(称为 A_饮料)。受访者包括这组配对项目的两位项目经理、公司的华北区经理以及项目管理办公室的一位关键人员。服务 B 企业的两个配对项目都是针对房地产客户,一个客户是国内一家房地产公司(称为"B_中国"),另一个客户是新加坡一家房地产公司(称为"B_新加坡")。受访人员包括一名事业部主管、两个配对项目的各一名项目经理和各一名技术骨干。每个企业的访谈时间平均持续近三个小时,并对所有访谈内容全程录音。表 5 - 1 给出了受访谈项目及人员的详细信息。

表 5 - 1   **受访谈项目及人员信息**

		配对项目 1：A_啤酒	配对项目 2：A_饮料
服务 A 企业	项目背景	客户企业是我国最早的啤酒生产企业，位列世界 500 强、中国 500 强，上市公司，2006 年至今，一直与服务 A 企业持续合作	客户企业是国内一家知名的现代化饮料生产企业，在全国各地建立了 30 多个分公司、代办处和 80 多个办事处
	受访人员	华北区经理	
		项目管理办公室人员	
		项目 A 经理_啤酒	项目 A 经理_饮料
服务 B 企业	项目背景	配对项目 1：B_新加坡房地产公司	配对项目 2：B_中国房地产公司
		客户企业是一家在新加坡上市的公司，以房地产为主业，是已经延续了上百年的财团	客户企业为国内房地产公司，未上市，为中小型企业
	受访人员	房地产事业部主管	
		项目 B 经理_新加坡	项目 B 经理_中国
		技术骨干 B_新加坡	技术骨干 B_中国

基于表 5 - 1 的受访项目及人员，调研团队展开正式的访谈活动，具体的访谈内容以受访对象近期的跨项目知识转移合作案例为依托，结合部门及受访对象实际实践经验，开展案例相关素材的收集。在正式访谈开始之前，由调研团队代表先阐述调研的主题、目的、用途等，接着由服务 A 企业的华北区经理和服务 B 企业的房地产事业部主管对各自企业内部不同项目间的知识转移情况做总体的回忆和介绍。然后，进入正式的访谈阶段，调研团队基于访谈提纲就具体的项目情境进行深入详细的对话与交流。在每一轮的采访中，通过提问与研究假设及统计分析结果有关的问题，调研团队咨询了这些工作人

员关于在两个具体项目间转移知识的相关经验和看法。在访谈期间，调研团队保持思维开放，随时准备着从他们的解释和交流中获取新的见解。每个采访平均持续了将近三个小时。平均而言，每个受访者的受访时间维持在半个小时至一个小时。在征得受访对象同意的情况下，对所有访谈内容进行全程录音，以确保资料的准确性和真实性。最后，调研团队对本次调研做汇总评价。

访谈结束后，调研团队及时开展访谈后的录音转译工作。及时整理现场笔记后，并在 24 小时之内将访谈录音转译为文档，而且反复听录音和详细地交互校对，确保了录音稿的完整性和忠实于原意。这一工作主要是为后续的数据分析做好准备。

此外，调研团队采用非正式沟通方式获取正式访谈难以了解到的、需要补充的信息，回访澄清案例资料不一致的地方。比如，调研团队在服务 A 企业访谈时观察到，当问到公司在知识的跨项目转移与学习方面是否提供相关激励时，有些实施顾问看了看项目经理和部门经理后，只是简要做了回答。私下与实施顾问交流后得知，是因为技术实施顾问认为公司或项目部门要提供相应的激励或保障措施，他们才会有动力去总结项目经验，并分享给其他项目组成员，但这些技术实施顾问又不敢当着外人（指我们访谈团队）向领导提要求。这些材料为后来的案例分析提供了非常重要的证据。当在分析实地访谈资料碰到前后不一致的地方，调研团队就与相关人员电话沟通，澄清事实。非正式访谈中相关人员提供的信息是纯私人看法，这是在正式访谈中很难得到的，能为正式访谈资料获取提供良好的互补作用。还有，调研团队翻阅受访企业的部分相关出版物，包括公司内部刊物、公司宣传资料、公司出版的研究报告等，访问受访企业网站，查阅和了解企业的相关资料，包括业务范围、公司新闻报道、公司在线论坛的使用情况等，也利用相关搜索引擎检索了与受访企业其他有关资料，如客户评价资料。通过多种渠道获取的案例数据可相互印证，有助于减少分析结果的偏差和提升案例研究的可靠性。

三、数据分析

在完成企业访谈及其录音转译工作后，开展案例数据分析。根据艾森哈特（Eisenhardt，1989）和殷（Yin，2003）提出的方法，多案例数据分析包含案例内分析和跨案例分析两个环节。在本研究中，我们对服务 A 企业和服务 B 企业知识的跨项目转移与学习情况分别进行案例内分析和跨案例分析。其中，两家企业的案例内数据分析分别由知识管理研究领域的两名博士负责，他们各自独立编码，跨案例分析由熟悉知识管理的一名教授负责，整合单案例数据的编码结果。案例内分析将每一个案例视为独立的整体作全面分析，跨案例分析则对所有单案例分析结果进行统一的抽象和归纳，从而得出更全面的描述和更有力的解释。

案例内分析主要采用谢和香农（Hsieh and Shannon，2005）提出的内容分析法，对文本数据进行编码、归类，获得主观解释。内容分析法包括定性内容分析方法和定量内容分析方法，已被广泛应用于管理研究的各个领域。定性内容分析方法侧重于逻辑归纳，通过对原始数据进行认真核查和持续比较之后，根据主观推断和解释，将其编码和归类，以形成特定的主题或类别。定量内容分析方法侧重于逻辑推理，比如，在将文本数据分门别类之后，计算每类内容出现的频率，进而推断变量之间可能存在的关系特征。由于本书开展案例研究的目的是识别 IT 服务企业跨项目学习的治理策略及其对跨项目学习的作用机制，因而适合采用定性内容分析方法。

首先，确定编码参照类别。编码方法有涌现式编码和先验式编码（Stemler，2001）。涌现式编码是一种完全探索性的过程，思路不受已有理论和研究框架的局限，在反复阅读、持续提炼原始数据的过程中不断涌现出新概念、变量间关系并最终得到研究模型。先验式编码则依托于已有的理论和研究框架，通过反复阅读原始数据，细化和修改初步的理论框架，最终得到具有可操作性的研究模型。本书研究对案例访谈资料的分析思路主要是，基于社会认知理论关于环境因素、主体因素和行为因素之间关系的核心观点、影响跨项目学习、知识转移与再用的组织管理因素的已有相关研究，结合两家 IT 服务企业的实际情况，总结和归纳知识型企业跨项目学习的治理策略维度及其对该学习活动的影响关系和作用机制。因此，本书研究适合采用先验式编码方法。

借鉴已有研究，本书建立四个参照类别，包括知识治理努力、项目团队成员能力认知、项目团队成员期望认知和跨项目学习效果。进一步为部分参照类别建立子类别。知识治理努力的子类包括组织文化氛围、组织正式制度、跨项目知识管理的专职机构设置和项目间资源配置，项目团队成员能力认知的子类包括知识源项目团队成员的转移能力和知识接受方项目团队成员的吸收能力，项目团队成员期望认知的子类包括知识源项目团队成员的转移意愿和知识接受方项目团队成员的吸收意愿。另外，还设置"其他"这一子类，以便当某个分析单元难以被明确归纳到前面几个子类时使用。比如，对于受访者提到的所转移知识的价值及其影响作用，我们将其相关分析单元归纳到"其他"子类。

其次，确定编码分析单元。内容分析常用的分析单元主要包括词语、概念、句子、段落、对话和整篇文档，它们既可以单独使用，也可以组合使用（Berg，2001）。在本书的案例分析过程中，调研团队将涉及一个话题的一系列对话作为定性资料分析的一个单元。例如，关于知识接受方项目团队成员吸收能力的编码分析单元，下面举几个访谈实例。

"我们有些技术人员的消化吸收能力很强。有技术人员问完专家某个问题后，专家说，'这个问题是这样解决的'，给出了解决方案。他回去消化以后，回来说，'唉，我找到一个更好的解决方法'，然后他就会跟专家说，'这个问题我还有更好的方法可以解决，该怎么解决'。"（服务 B 企业项目 B 经理）

"但项目间传递时，如像标杆学习时，会有困难；毕竟不同的项目团队有不同的惯例，（相关知识）在吸收的时候不一定能消化，也不太容易调整。"（服务 B 企业项目技术骨干）

最后，对每个案例的访谈资料进行编码和归类。在确定编码参照类别和编码分析单元之后，课题组成员就开始进行案例内数据编码，并形成编码结果。两名参与人员分别负责一家 IT 服务企业访谈资料的编码，各自独立编码。由于两位编码者对本项目的关键研究变量的操作化定义、详细解释编码的程序和相关事项等都非常熟悉，因此无须培训，而是直接进入编码过程。在各自编码过程中，两位编码者都根据编码参照类别表，反复阅读各自所负责公司访谈资料，对其中的分析单元进行分析和判断，将相关分析单元归到相应的编码参照子类别变量中。当某一个或若干个分析单元与参照类别表中某个子类别变量的操作化含义相同或相近时，就被归纳到该类别。比如，"知识源项目团队成员转移能力"的操作化定义是"知识源项目团队成员识别自身所拥有知识的潜在用途和适用条件，评估知识接受方项目团队成员的知识需求和能力，并传递相应知识给知识接受方项目团队成员使用的能力"。那么，每位编码者会将访谈资料中与这一定义内容相近的所有分析单元归纳到这一子类别。如果碰到有分析单元与某个子类的理论定义不一致，就将其归纳到"其他"子类。

在完成单案例编码与分析之后，由另一名参与者进行跨案例分析，即比较了服务 A 企业和服务 B 企业的单案例分析结果，并根据研究主题对这些单案例研究结果进行整合。对于每个参照，如果两个 IT 服务企业案例的编码化数据存在不一致，3 位编码人员就进行讨论和解决编码分歧问题。在必要时，调研团队电话咨询这两个 IT 服务企业现场访谈的相关人员，对分类相关的编码分歧问题进行澄清。此外，这三位编码者还共同讨论在单案例分析阶段被归纳为"其他"子类别的分析单元，通过反复斟酌判断其所应该归属的子类别。对于确实找不到明确归类的某些分析单元，调研团队尝试考虑其是否蕴藏了原有研究框架中未考虑的新变量，或者是否拓展了已有研究变量的原有定义。比如，"其他"子类别中有如下一段分析单元，它实际上涉及知识价值及其评估。因此，三位编码人员通过讨论，一致认为这是一个新的研究变量，即知识价值，并结合其他编码结果认为，是会影响知识接受方项目实施团队成员跨项目学习和吸收意愿的一个变量。

"如果从业务知识来说，因为不同项目的业务都存在差异，客户总要求将其他项目好的业务经验或其他客户的成功案例告诉他们。但哪些业务知识是好的，哪些是不好，也就是说，如何从一个项目中筛选出来有用的业务知识，应用到另一项目，目前是存在问题的。所以，在不同项目之间，业务知识的筛选是有困难的。"（服务 B 企业项目 B 技术骨干）

与殷（2009）、迈尔斯和休伯曼（Miles and Huberman，1994）提

出的案例研究思路相一致，本书对两个 IT 服务企业的案例分析是一个不断迭代的过程，在这一过程中，不断重新审核数据。基于上述努力，直到所有的分析单元基本上都能较好地得到归类并形成一致的编码结果，这一编码工作才停止。对不同来源的一手数据和档案数据的三角剖析，有助于揭示较高的数据一致性，以及提升本书研究发现的有效性。与问卷调查相比，案例研究促使调研团队更加注重细节，也有利于调研团队发现一些独特的见解。

第三节　案例分析与讨论

一、影响跨项目知识转移与学习的知识治理策略及其影响作用

根据调研数据，在服务 A 企业和服务 B 企业，正向影响跨项目知识转移的知识治理策略有营造组织文化氛围、编制组织正式制度、设置跨边界知识管理的专职机构（或负责人）以及合理配置项目间资源，但信息技术使用的影响不明显。同时，这种影响主要体现在接受方项目成员对市场领域（关于客户和竞争对手）、实施技术和项目管理等多种知识的学习，将这些知识再用于完成项目任务，以及新知识再造等情况。

（一）组织文化氛围

服务 A 企业和服务 B 企业的受访者一致认为，良好的组织文化氛围是促进跨项目知识转移的极为重要的因素之一。这种文化主要包括领导支持和知识共享氛围。两家企业的部门经理和项目经理都鼓励项目团队之间开展经验交流并及时地获取与项目实施有关的知识，都会向项目团队强调向其他项目团队传递知识或学习经验对于项目任务实施的重要性。这可从服务 B 企业项目经理的访谈中得到

例证。这两家企业都提倡知识共享文化，项目成员进行跨项目交流氛围都很浓厚，服务 A 企业的一位项目经理对此做了如下解释。可以看出，这种浓厚的文化氛围有利于项目成员快速获取有用的经验知识，以加快解决项目实施问题。

"我经常跟他们强调，这个氛围是很重要的，大家都相互信任对方，要彼此相互学习，才能更快更好地完成项目。"（服务 B 企业项目经理）

"我们团队环境比较开放，大家的座位都挨在一起，如果有个人说，'喂，某某，我们正在做一个模型，之前你们是怎么做的'，然后大家很快就聊开了。"（服务 A 企业项目经理）

（二）组织正式制度

工作惯例、文档规范化管理制度和考核奖励机制等组织正式制度被认为是服务 A 企业和服务 B 企业开展跨项目知识转移的一个重要推动因素，因为它有利于促进系统化的跨项目知识转移方式的开发。两家企业都已形成相应的工作惯例，包括项目总结会、每周和每月的例会、项目里程碑事件报告会等。比如，服务 B 企业房地产事业部主管如下解释，从中可以看出，项目总结会提供了重要的跨项目经验交流平台。

"我们每个月都有不定期的沟通会，部门的所有项目经理一般都要参加，一个项目经理在上面讲，其他项目经理在下面听。哪个项目经理讲得好，哪个讲得不到，都可以进行分析和评判，并指出其中存在的问题。"（服务 B 企业房地产事业部主管）

在文档规范化管理方面，两家企业都有相应的制度要求。例如，服务 A 企业的区域经理说到，项目部对完成项目时要提交的项目回顾报告的内容、格式等都有相应的要求。此外，受访者提到，考核奖励机制是开展跨项目知识转移的制度保障，服务 A 企业的项目经理就提到此方面的管理制度。

"在每一个项目完成的时候，项目团队提供一个项目回顾报告，要特别注意的是，我们有标准的报告模板来指导他们提交相关的项目文档。对所有的项目文档都进行分类和存储。"（服务 A 企业区域经理）

"要将知识贡献度纳入工作的一部分，作为绩效考核的一部分。这样大家才愿意把资料上传上去。"（服务 A 企业项目经理）

（三）专职机构设置

调研数据表明，设置专职的机构和负责人对服务 A 企业和服务 B 企业内部的跨项目知识转移也起着重要的促进作用。专职机构和负责人主要起三方面的作用：首先，直接参与跨项目知识转移，比如在服务 B 企业，"公司还有顾问学院，这是专门的培训机构，通过沙盘、授课等方式进行项目培训。"即由技术顾问通过培训方式向各个项目的实施团队分享和传授项目经验；其次，负责文档的标准化及分类管理，如服务 A 企业的深圳研究院专门收集、加工来自各项目的杂乱的文档资料，使之标准化，并进行分类管理；最后，负责协调知识的跨项目调用。

"会有人专门负责知识库中知识的积累和调用工作。比如我碰到一个问题，比较简单，我又不想花费太多的时间去处理这件事时，我会去找专门负责人，告诉他我需要什么知识，他就给我提供，我直接调用就可以。"（服务 B 企业项目经理）

（四）项目间资源配置

由于资源有限，在服务 A 企业和服务 B 企业，多个项目共享组织资源的现象甚为普遍。与之相适应，项目间资源的合理配置就显得格外重要。典型的是项目间的人力资源配置，如下的服务 B 企业事业部主管的谈话就证明了这一点。对于在某个时间段同时出现的多个重要事件，事业部要根据项目任务的紧急程度给各个项目调配资源。此外，企业内部的资源共享还涉及会议室等公司硬件资源使用的项目间协调。总体来看，访谈数据表明，合理的项目间资源配置有利于企业内部知识的跨项目转移和学习。

"我不可能给每个项目都配够开发人员，这样的话，开发人员的利用率就比较低"。"假定项目团队 A 资源严重不足，那我会来协调资源，从项目团队 B 和 C 中各抽一个人来协助他们完成工作。"（服务 B 企业房地产事业部主管）

"比如 A、B 团队，可能在某个时间段会同时出现里程碑事件，都处于需要资源的高峰期，怎么办？这时候就有一个任务优先级的概念了。哪一个任务比较紧急，那我就把资源先用来完成这个任务了。"（服务 B 企业房地产事业部主管）

对于技术因素，从访谈中还了解到，服务 A 企业和服务 B 企业也使用信息技术工具开展跨项目知识转移，这些工具有如知识库平台、内部论坛、即时通信工具等。但是，受访人员表示，他们对信息技术的使用非常熟练、不存在障碍，较少关注此方面的因素。卡尔森和戈特沙尔克（2004）在大样本研究后指出，IT 工作者自身熟练使用信息技术是导致信息技术使用对个人之间知识转移影响不显著的一个原因。因此，可以推断，技术因素对两家 IT 服务企业开展跨项目知识转移的影响不明显。

二、项目团队成员认知在知识治理策略与跨项目学习效果之间的中介作用

（一）项目团队成员能力认知的中介作用

如前所述，能力方面的认知包括知识源项目团队成员的转移与

分享能力、知识接受方项目团队成员的吸收与学习能力。其中，转移与分享能力是指知识源项目团队成员识别自身知识的价值及其适用条件、评估知识接受方项目团队成员的知识需求以及向接受方有效传递知识等方面的能力；吸收与学习能力是指知识接受方项目团队成员识别和吸收来自知识源项目的新知识的价值，并将其消化和应用于自身项目等方面的能力（Zhao et al.，2015）。

首先，服务 A 企业和服务 B 企业的领导支持跨项目知识转移和提供知识共享的文化氛围有利于知识源项目成员提升转移能力和知识接受方项目成员增强吸收能力，进而促进项目经验的扩散与学习。例如，服务 B 企业事业部主管说道，他会在项目成员需要寻找专家、解决方案时给予指导，访谈实例如下。这种领导支持能够帮助接受方项目团队成员快速找到知识源，并获取真正有用的知识并将其再用于解决自己项目的问题，从而提升跨项目知识转移效果。此外，两家企业提倡不同项目的工作人员及时沟通与知识分享，这种沟通与分享本身就是对知识源项目成员转移能力和知识接受方项目成员吸收能力的一种训练，进而有助于促进业务领域知识、项目实施新技术、项目沟通技巧等知识在不同项目间的转移。

"有时有技术人员过来问我问题，我就跟他说，这个问题你可以找某某请教，他之前做过类似的项目。"（服务 B 企业事业部主管）

其次，服务 A 企业和服务 B 企业的正式制度能够确保项目成员参与跨项目知识转移，在其中提升转移能力和吸收能力，进而提升跨项目知识转移效果。比如，服务 B 企业要求各项目经理或技术人员参与项目部门组织的项目穿透会等各种项目总结会，访谈实例如下：

"在项目穿透会上，项目经理怎样评估一个项目可能存在的风险，怎样规避，怎样与客户企业协商降低风险承担成本，这些对经验

不是很丰富的项目经理是很有用的，让他们直接吸收二手经验，项目能力提升得快。"（服务 B 企业房地产事业部主管）

最后，服务 A 企业和服务 B 企业跨边界知识管理机构的设置明显有利于提升知识源项目团队成员的转移能力和知识接受方项目团队成员的吸收能力，以此促进跨项目知识转移。比如，服务 A 企业和服务 B 企业都专门成立专家顾问团队，由项目实施经验丰富的顾问或专家向其他项目团队成员进行培训，这显然是对顾问的知识转移能力和其他项目团队成员的知识消化吸收能力的一个强化过程。服务 B 企业的一位项目经理如下解释，从中可以看出，知识源项目团队转移和分享能力以及知识接受方项目团队成员的吸收和学习能力的提升，能够促使知识接受方创造出新知识，提升了知识接受方的项目实施能力。

"（专家顾问团）专家讲这个问题是这样解决的。他（某位技术人员）去消化以后，会提出更好的解决方法，然后他就会来跟专家说，这个问题我还有更好的方法可以解决，然后开始讲他自己的解决方案。"（服务 B 企业项目经理）

然而，项目间资源配置对知识源项目团队转移和分享能力以及知识接受方项目团队成员的吸收和学习能力的影响关系，与资源类型有关。人力资源的跨项目调配与使用，对提升知识源项目团队转移和分享能力以及知识接受方项目团队成员的吸收和学习能力产生重要的促进作用。比如，从如下访谈实例可知，在服务 B 企业，这两名技术顾问作为知识源，能够将在国外企业项目积累的经验快速融入再用到国内企业项目，并准确地传递国内企业项目团队其他成员所需的知识，从而高效地完成项目任务。但是，服务 A 企业和服务 B 企业对于工作场所、会议室等硬件资源的跨项目调配均由前台或行政助理来协调，对不同项目团队成员之间的交互与知识交流并无直接的影响关系。

"公司事业部想把国外企业以地产为主业（住宅、商业、酒店和物业）、同时兼营投资和保险等其他业务的模式带到国内企业项目中，就把国外企业项目团队中的两个技术顾问调用于兼顾参与国内企业项目，以弥补国内企业项目团队的知识缺口。"（服务 B 企业房地产事业部主管）

经上述分析得到，服务 A 企业和服务 B 企业的知识治理策略能够通过增强知识源项目团队转移和分享能力以及知识接受方项目团队成员的吸收和学习能力，进而提升跨项目知识转移与学习的效果。

（二）项目团队成员期望认知的中介作用

如前所述，期望方面的认知指知识源项目团队转移与分享意愿，以及知识接受方项目团队成员的吸收与学习意愿。从服务 A 企业和服务 B 企业的调研数据可知，项目团队成员参与的转移与分享意愿、吸收与学习意愿受到他们对预期回报的认知，如对互惠互利、知识价值的判断。因此，本书借鉴社会认知理论对结果预期的阐述（Bandura，2001），将转移与分享意愿界定为知识源项目团队成员基于结果预期而愿意向知识接受方项目团队成员转移和分享项目经验知识的程度，将吸收与学习意愿界定为知识接受方项目团队成员基于结果预期而愿意从知识源项目获取和学习项目经验知识的程度。

首先，服务 A 企业和服务 B 企业的组织文化氛围能够通过引导项目团队成员对友好、互惠的知识共享氛围的认知而大大激发和增强他们的转移与分享意愿、吸收与学习意愿。例如，服务 A 企业的项目经理和服务 B 企业的房地产新加坡项目（知识源项目）经理的如下评论很好地验证了这一论点。

"要是没有好的氛围，是会存在很多问题的，比如，沟通不畅；找我问问题时，我宁愿工作而不愿意回答你、不愿意跟你交流啊。"（服务 A 企业项目经理）

"对跨项目交流，友好的气氛至关重要。如果不是这样，我宁愿把时间和精力投入到自己任务上，也不愿意回答其他项目成员的问题。"（服务 B 企业新加坡项目经理）

其次，组织正式制度能够激发项目团队成员参与其中的知识源项目团队成员的转移与分享意愿、知识接受方项目团队成员的吸收与学习意愿，进而提升跨项目知识转移效果。比如，服务 B 企业强制要求举行项目穿透大会，受访的项目经理提出需要配套相应的跨项目知识转移与学习的激励机制，例证如下。这些正反面的例子说明，项目成员愿意参与跨项目知识转移与学习活动，是源于其对组织制度能够确保其从中获得有价值知识或其他方面收益的认知，此时也意味着跨项目知识转移和学习起到成效。

"在这个会（即项目穿透大会）上，每个项目经理都会上去讲近来项目实施的进展和分享相关经验。我一般都会去听，我认为这很重要，至少可以听到一些别人的做法，成功也好，失败也好，都有借鉴作用。"（服务 B 企业项目经理）

"公司如果没有提供相应的激励机制，就会导致 IT 人员觉得共享与不共享知识都无所谓，没有积极性，没有动力去跟其他项目团队交流。"（服务 B 企业项目经理）

再次，设置跨项目知识转移的专职管理机构和负责人对激发、增强项目成员参与项目间的知识转移与吸收学习的积极性具有促进作用。比如，服务 A 企业的深圳研究院负责收集、加工和管理来自各知识源的资料；服务 B 企业的跨项目知识中介人能及时为知识接受方调取其他项目的知识。这些都为知识源转移知识和知识接受方获取知识提供了便利，无疑会增强项目团队成员参与跨项目转移知识和学习知识的意愿，促进跨项目知识转移与学习活动的开展。

最后，服务 A 企业和服务 B 企业的合理的项目间资源配置能够激发、增强项目成员进行跨项目转移知识和学习知识的意愿，提高跨项目知识转移与学习的有效性。

"将国外企业项目团队的两个技术顾问调到国内企业项目后，国内企业项目团队的其他成员就不再担心国外房地产企业的多元化经营模式到底是什么样，怎样嫁接到国内房地产企业，大家积极性很高，不断讨论和论证，后期项目进展不错，客户也很满意。"（服务 B 企业房地产事业部主管）

相反，如果不同项目在组织资源共享使用上存在冲突，活动开展受到限制，就会抑制两个项目团队进行交流的积极性。服务 A 企业的一位项目经理就提道：

"尽可能做到项目实施有相应的资源保障，顾问也才心甘情愿地相互共享和实施项目。"（服务 A 企业项目经理）

经上述分析得到，服务 A 企业和服务 B 企业的知识治理策略能够通过增强知识源项目团队成员的转移与分享意愿、知识接受方项目团队成员的吸收与学习意愿而提升跨项目知识转移与学习的效果。

综上分析可知，影响两个知识型案例企业员工跨项目知识转移与学习活动效果的组织知识治理策略包括营造组织文化氛围、设计正式制度、设置跨项目知识管理的专职机构以及合理配置项目间资源，这些知识治理策略产生积极的影响作用。但是，调研对象 IT 工作者对信息技术使用熟练，这使得信息技术使用未对企业员工跨项目知识转移与学习活动产生明显的影响作用。进一步，两个知识型案例企业的这些知识治理策略既对跨项目知识转移与学习效果产生直接的正向影响，还通过影响知识源和知识接受方项目团队成员能力和期望两方面的认知而产生间接的促进作用。也就是说，项目团队成员的能力认知和期望认知在组织知识治理策略与企业员工跨项目知识转移与学习效果之间起到一定的中介作用。综合起来，IT 服务企业跨项目学习的知识治理策略及其作用机制如图 5－1 所示。其中，借鉴卡尔森和戈特沙尔克（2004）采用项目绩效等结果指标测量 IT 项目知识转移成功程度的做法，采用结果指标衡量知识型员工跨项目知识转移与学习活动变量。通过案例调研得到，在两个 IT 服务企业，跨项目知识转移与学习活动的效果表现为知识接受方项目团队成员对知识源项目知识和经验的吸收与再用情况、项目任务完成情况和客户满意度。

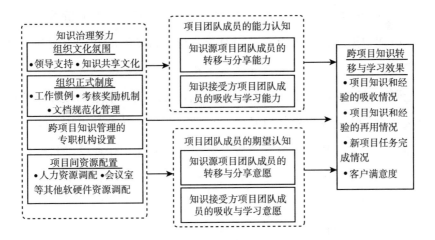

图 5－1　IT 服务企业跨项目学习的知识治理策略及其作用机制

第六章　研究结论与讨论

第一节　研究结论

　　鉴于跨项目学习对企业组织目标实现的重要性，本书采用文献研究、基于问卷调查的定量实证研究、案例研究、定性分析等多种方法，以知识型企业为研究对象，对企业跨项目学习的影响因素与治理策略进行研究。本书研究首先是基于相关理论研究基础展开的。这些理论研究基础包括组织学习理论、知识管理理论、期望确认理论和社会认知理论等相关理论，以及跨项目学习、知识转移与再用、组织学习的影响因素等相关研究。借鉴已有研究，阐述了企业跨项目学习的内涵。其次，采用单案例研究方法，初步探索知识型企业员工跨项目学习的影响因素。再次，采用定量研究方法，基于期望确认理论视角，深入分析知识型企业员工持续跨项目学习意愿的影响因素。最后，采用双案例研究方法，为研究方便，选取两个 IT 服务企业的两组配对项目之间的知识转移与学习实践进行调研，分析知识型企业员工跨项目知识转移与学习的知识治理策略，并基于社会认知理论探讨这些知识治理策略对员工跨项目知识转移与学习效果的作用机制。通过这些研究，得到以下几方面的主要结论。

第一，知识型企业员工跨项目知识转移与学习活动受到知识、主体、知识转移与学习方式、项目任务情境、项目组织情境五大方面因素的影响，具体包括知识的内隐性和嵌入性、知识源项目团队成员跨项目转移与分享知识的能力和意愿、知识接受方项目团队成员跨项目吸收与学习知识的能力和意愿、个性化转移、编码化转移和混合式转移、项目间任务相似性和项目时间紧迫性、项目组织所采用的制度、文化和信息技术设施。其中，跨项目知识转移与学习方式的选择使用要与知识因素相匹配，才能实现有效的学习结果。此外，项目时间紧迫性会影响知识源项目团队成员和知识接受方项目团队成员的参与意愿，进而影响跨项目知识转移与学习活动。进一步，这一学习活动会对案例企业知识接受方项目绩效和团队成员的项目实施能力产生积极的影响。

第二，知识型企业员工持续跨项目学习意愿的影响因素包括感知内部知识有用性、感知内部知识易获得性和感知知识增长程度三个知识变量、期望确认度、跨项目学习满意度和外部知识有用性。其中，期望确认程度对三个知识变量和跨项目学习满意度都具有显著的正向影响。三个知识变量和跨项目学习满意度不仅都对员工持续跨项目学习意愿产生直接的正向影响关系，而且感知内部知识有用性和感知知识增长程度还能够通过影响跨项目学习满意度而对员工持续跨项目学习意愿产生间接的影响关系。此外，外部知识有用性能够负向调节感知内部知识有用性与持续跨项目学习意愿之间的关系。

第三，在案例企业，营造组织文化氛围、设计正式制度、设置跨项目知识管理的专职机构以及合理配置项目间资源这些知识治理策略对企业员工跨项目知识转移与学习活动效果产生积极的影响作用。

但是，在所调研的 IT 服务企业中，IT 工作者对信息技术使用熟练，这使得信息技术使用未对企业员工跨项目知识转移与学习活动产生明显的促进或阻碍作用。进一步，IT 服务企业的组织文化氛围、正式制度、跨项目知识管理的专职机构设置以及项目间资源配置这些知识治理策略既对员工跨项目知识转移与学习效果产生直接的正向影响，还通过影响项目团队成员能力认知（知识源项目团队成员跨项目转移和分享知识的能力、知识接受方项目团队成员跨项目吸收和学习知识的能力）、期望认知（知识源项目团队成员跨项目转移和分享知识的意愿、知识接受方项目团队成员跨项目吸收和学习知识的意愿）而产生间接的促进作用。也就是说，项目团队成员的能力认知和期望认知在组织知识治理策略与企业员工跨项目知识转移与学习效果之间起到一定的中介作用。

第二节　理论意义

本书基于相关理论研究基础，分析和研究了知识型企业员工跨项目学习的影响因素和知识治理策略。这些研究有助于丰富企业跨项目学习和项目知识管理的理论研究成果，主要具有以下几个方面的理论意义。

第一，本书第三章的案例研究，丰富了企业员工跨项目学习影响因素的理论研究。现有文献虽然分析了企业跨项目学习的相关影响因素，但所涉及的影响因素相对零散，不够全面。此外，现有文献大多分析各因素对企业员工跨项目学习的直接影响关系，很少有深入分析可能存在的复杂影响关系。而本书以知识密集型的 IT 服务企业作为案例，较为全面地分析了知识的内隐性和嵌入性、知识源项目团队成员跨项目转移与分享知识的能力和意愿、知识接受方项目团队成员跨项目吸收与学习知识的能力和意愿、个性化转移、编码化转移和混合式转移、项目间任务相似性和项目时间紧迫性、项目组织所采用的制度、文化和信息技术设施对企业员工跨项目知识转移与学习活动及其效果的影响关系，深入分析了跨项目知识转移与学习方式与知识特征的匹配对该学习活动及其效果所产生的影响，以及项目时间紧迫性通过影响知识源项目团队成员和知识接受方项目团队成员的参与意愿进而影响跨项目知识转移与学习活动及其效果的间接影响关系。显然，这些研究有助于弥补现有研究的不足。

第二，本书第四章基于期望确认理论，定量研究知识型企业员工持续跨项目学习意愿的影响因素，是本书的一个创新点。虽然以往研究强调了持续改进项目管理质量的重要性，也有文献研究了跨项目学习、知识转移与再用等的影响因素，但很少有文献研究企业员工的持续跨项目学习行为及其影响因素。核心内涵在于分析用户持续使用意愿的影响因素及其作用机制的期望确认理论，主要被用于市场营销、信息系统、在线学习平台等领域的研究，尚未被应用于研究跨项目学习的持续性问题。因此，本书第四章基于期望确认理论而展开的对知识型企业员工持续跨项目学习意愿的影响因素的定量研究，拓展了期望确认理论的应用范围，增强了员工持续跨项目学习意愿影响因素的理论依据，还通过对个体层面跨项目学习的"持续性"问题的研究而丰富了企业跨项目学习的理论研究成果。

第三，本书第四章定量分析知识变量等相关因素对知识型企业员工持续跨项目学习意愿的影响关系和作用路径，深化了跨项目学习影响因素的理论研究。参与主体是企业跨项目知识转移与学习活动得以开展并取得成效的一个关键因素。但是，现有文献对主体因素的关注还不够多，对参与主体的学习意愿及其影响因素的研究还不够深入，更是很少研究企业员工对以往跨项目学习效果的感知可能产生的对其此后继续进行跨项目学习的意愿的影响情况。本书第四章对期望确认度、感知内部知识有用性、感知内部知识易获得性、感知知识增长程度、跨项目学习满意度等因素对知识型企业员工持续跨项目学习意愿的影响关系的定量研究，能够弥补已有文献中的这些研究不足，因而能够深化企业跨项目学习影响因素的研究成果。

第四，本书第四章在定量研究知识变量等内部因素对知识型企业员工持续跨项目学习意愿的影响关系和作用路径时，还考察了外部知识有用性对知识变量与企业内部员工持续跨项目学习意愿之间关系的调节作用。这是本书的另一个创新点。这是因为，现有文献在研究组织内部跨项目学习的影响因素时，大部分只聚焦于探索组织内部的因素，很少同时考虑员工在组织外部的知识学习等因素可能产生的权变影响作用。本书定量分析企业外部知识的有用性对企业员工感知到的内部知识有用性、内部知识易获得性、知识增长程度与员工持续跨项目学习意愿之间关系的调节作用，是对以往相关研究的良好补充和深化。

第五，本书第五章对知识型企业知识治理策略及其对员工跨项目学习效果的直接和间接影响关系的案例研究，同时丰富了组织跨项目学习和组织知识治理问题的理论研究。现有文献虽然分析了企业跨项目学习的组织管理因素对该学习活动所产生的影响作用，有的文献还相应地提出相关的组织知识治理策略。但这些文献尚未分析主体因素在组织知识治理策略与员工跨项目学习效果之间可能产生的影响作用。也就是说，现有尚未分析企业知识治理策略可能通过主体因素而对员工跨项目学习效果产生间接的影响关系。本书第五章在分析了案例企业影响员工跨项目学习效果的组织知识治理策略之后，进一步基于社会认知理论分析这些组织知识治理策略通过影响知识源项目团队成员跨项目转移与分享知识的能力和意愿、知识接受方项目团队成员跨项目吸收与学习知识的能力和意愿等主体认知因素进而影响员工跨项目学习效果的关系，有助于揭示企业知识治理策略对员工跨项目学习效果的复杂影响机制，弥补已有文献的研究不足。

第三节　实践意义

本书研究结果有助于知识型的项目企业理清员工跨项目学习的重要影响因素，并通过控制和引导这些因素，为企业项目团队提供合适的知识管理策略和组织支持，以有效提升企业员工持续参与跨项目学习的意愿，进而提升项目成功率，提高组织效率与效益。因此，本书研究对企业跨项目学习和项目知识管理实践具有重要的启示。

首先，本书较全面地实证分析知识、主体、知识转移与学习方式、项目任务情境、项目组织情境等因素对知识型企业员工跨项目知识转移与学习活动的影响关系，研究结果有助于增强企业项目管理者对跨项目知识转移与学习活动及其重要性的认识，从而有利于企业探索和寻找通过跨项目知识转移与学习活动提高项目实施绩效和提升市场竞争力的有效途径。此部分的研究发现，主体因素在跨项目知识转移与学习活动中扮演重要的角色，对学习效果产生重要的影响，这启发项目型企业在谋求知识发展路径时，要关注和激发参与主体的重要作用。知识源项目和知识接受方项目的紧迫性通过影响知识源项目团队成员跨项目转移和分享知识的意愿、知识接受方项目团队成员跨项目吸收和学习知识的意愿进而影响企业员工跨项目学习活动和效果的研究发现，以及项目组织的制度、文化和技术等情境因素对企业员工跨项目学习活动和效果产生促进作用的研究结果，都启发企业项目管理者，在平时应合理规划项目进度和统筹项目实施工作等项目管理和组织协调工作，对企业员工开展项目间知识转移与学习给予必要的组织支持，以有效实现跨项目学习对企业生存与发展的贡献作用。

其次，本书关注知识型企业员工持续参与跨项目学习的主观感知，深入分析员工对内部的知识有用性、知识易获得性、知识增长程度、跨项目学习满意度等内部因素和外部知识有用性等外部因素的感知对他们自身持续跨项目学习意愿的影响关系，研究结果能为企业激励员工增加跨项目学习意愿、促进内部跨项目学习和知识再用的持续高效开展提供良好的实践启示。

针对感知内部知识有用性对于员工持续跨项目学习意愿的重要促进作用，知识型项目企业的管理者应努力采取措施提升跨项目所转移知识的质量和用途。比如，企业可授权给项目经理或技术骨干，对员工提交的项目里程碑报告和总结报告进行审核，以使知识存储库中的知识包含项目历史情境、实施过程，以及项目实施成功或失败的关键解决方案，从而真正对后续项目实施具有借鉴作用。企业可增加内部网和知识库中知识的种类，不局限于文档知识，可增添录音文件、视频教学文件等，并及时更新项目知识。企业可以将内部专家成功实施项目的经验总结录制视频并及时存入知识库，使专家知识成为类似于具有普适性的行业知识，为其他项目成员提供学习的典范。公司或项目部还应定期召开项目例会，鼓励项目成员积极参加，已经完成某一项目的员工可以分享和总结项目实施的成功经验、失败的教训，正在实施某一项目的员工可以参与讨论，交流自己碰到的项目难题，从其他项目的成员获得项目解决难题的方法或思路。

针对感知知识增长程度对于员工持续跨项目学习意愿的重要促进作用，知识型项目企业的管理者可考虑从关注员工知识增长和职业生涯成长的角度，采取策略促进内部知识的跨项目转移与学习。比如，企业管理者可反复强调跨项目学习的重要性，将其纳入项目管理计划中，制定个性化的跨项目学习考核和奖励制度，让员工切实感受到跨项目学习既对公司有益，还能为自己的项目绩效和个人成长带来价值。公司还可定期安排内部专家对员工进行基于实践导向的专业培训，帮助其他员工学习有用的知识，增长新技能。此外，企业应定期对员工进行职业培训和专业教育，赞助员工进一步深造学习，更新员工的知识框架，引导员工在项目开展过程中，及时根据自身情况消化学习的新知识。这些举措的实施，有助于企业员工形成员工与企业共同成长的良好感知，从而有助于增强他们的持续跨项目学习意愿。

针对感知内部知识易获得性对于员工持续跨项目学习意愿的重要促进作用，知识型项目企业的管理者应积极采取策略促进内部知识的跨项目转移与学习的畅通开展。比如说，管理者应扩大公司内部网、知识库和向专家咨询的权限范围，让每一个项目团队成员都可以学习到其他项目积累的知识；应及时对项目实施中的习得知识进行回顾、分类整理和归档，并增加标签，以为其他项目的员工搜索和学习所需知识提供便利；公司可以设置专门人员或部门来负责收集项目积累的知识，及时向有需要的项目成员提供他们所需的知识；企业可以成立由成功承担过项目的技术骨干及拥有以上专业技术水平的人员组成的专家小组，允许公司项目成员在遇到项目难题时直接向这些专家请教等。只有当员工感觉其他项目积累的知识便于自己获取时，他们才会增强跨项目学习的意愿。所以，前述这些措施，能为企业内部员工的跨项目学习提供便利。

企业通过上面这些组织管理努力，能够增加内部员工的感知内部知识有用性、感知知识增长程度和感知内部知识易获得性，进而提升员工对于跨项目学习的满意度。此外，外部知识有用性在感知内部知识有用性与员工持续跨项目学习意愿之间起负向调节作用，但对感知知识增长程度、感知内部知识易获得性与员工持续跨项目学习意愿之间关系均无显著的调节作用。其实，这一研究结果再次说明，知识型企业做好内部知识治理努力以内部知识有用性、知识增长程度和知识易获得性，是很重要的。当然，知识型企业可给员工提供外部培训等学习机会，以促使员工提高工作效率。

最后，本书对知识型企业员工跨项目学习的知识治理策略及其作用机制的研究结果，也能为我国项目型企业的项目知识管理实践提供一定的启发。项目型企业应重视组织知识治理策略的设计，以有效地引导项目成员参与内部跨项目知识转移的能力认知和期望认知，激发他们参与该活动的积极性，促进已有项目的知识和经验在组织内部得到积累、跨项目转移与再用。从具体策略看，项目型企业的领导应鼓励、支持跨项目知识转移与学习活动的开展，提倡营造知识共享型文化；企业应将跨项目知识转移与学习纳入项目活动范围内，有必要将其流程及效果评估制度化；有必要在项目部门或组织层面设置专职负责人或专职机构，负责项目知识和实施经验的积累与跨项目调用工作，以提高企业知识积累的专业化水平和跨项目知识转移与学习效率；充分发挥项目管理办公室的沟通协调作用，合理调配资源在不同项目的共享使用，避免项目团队之间的资源使用冲突等。这些具体的实践启示和操作，既有助于充分发挥内部项目知识的再用价值，也能为企业克服"肥水流到外人田"的优质知识流失现象提供一定的借鉴作用。

第四节　研究不足与展望

尽管本书对知识型企业员工跨项目学习的影响因素及知识治理策略的研究取得了一些成果，但由于能力有限，这些研究还不够深入和完善，仍存在一些不足，有待改进。

对于知识型企业员工跨项目学习影响因素的初探部分，本书虽然较全面地分析了知识、主体、知识转移与学习方式、项目任务情境、项目组织情境等多方面因素对员工跨项目学习活动和效果的影响关系，但研究仍不够深入，尚未深入挖掘这些因素在影响员工跨项目学习行为和效果过程中可能存在的复杂关系。比如，知识或主体因素对员工跨项目学习行为的影响可能会受到项目任务情境的调节作用，但本书对此未做深入分析。还有，本书尚未关注和分析"关系"变量等体现中国文化价值观念的本土情境因素对企业员工跨项目学习行为和效果的影响作用。

鉴于持续跨项目学习和参与主体因素的重要性，本书基于期望确认理论，深入考察了知识型企业员工持续跨项目学习意愿及其内外部影响因素的作用路径。但是，本书所探索的影响因素较为有限，内部因素主要局限于知识相关的研究变量，尚未考察内部知识治理策略和组织支持可能产生的影响作用；外部因素仅局限于外部知识有用性，尚未对该变量进行细化，尚未涉及其他可能的外部因素。因此，在以后的研究中，可进一步拓展这些探索。

此外，本书虽然对知识型企业员工跨项目学习的影响因素、员工主观感知对其自身持续跨项目学习意愿的影响路径、企业员工跨项目学习的知识治理策略等主要内容作了实证研究，但各部分内容所使用的研究方法较为单一，基本上都只采用一种实证研究方法。在知识型企业员工跨项目学习的影响因素和知识治理策略部分，都采用案例分析方法，未开展定量研究或其他方法的研究。在员工持续跨项目学习意愿的影响因素部分，采用定量研究方法，没有开展案例研究加以丰富。而同时使用定量实证研究和定性案例研究的混合方法，能够更加系统地探索各变量间的关系（Mingers，2001）。赵等（2015）的研究就表明，将定性和定量的数据收集和分析融合在一个研究中，能使研究者获得更大范围的反馈观点，研究发现能互为补充，相互解释，可增强研究结果的稳健性。因此，在今后的研究中，有必要同时使用定量检验和案例研究的混合方法去探索企业跨项目学习问题。

针对以上研究不足，本书认为今后可从以下几个方面完善和拓展本书的研究内容。

第一，可深化对知识型企业员工跨项目学习影响因素的研究。比如，对于知识、主体、知识转移与学习方式、项目任务情境、项目组织情境等多方面的因素，有必要深入探索其中的某些因素对员工跨项目学习行为和结果的影响关系受到哪些变量的中介作用，或受到哪些变量的调节作用。

第二，可拓展研究知识型企业员工持续跨项目学习意愿的内外部影响因素。对于内部影响因素，可延伸研究企业内部的知识治理策略和组织支持可能产生的影响作用。对于外部影响因素，费雷拉斯·门德斯（Ferreras-Méndez et al.，2015）认为外部知识有用性是一个集成概念，可采用细化的外部知识搜寻深度和外部知识搜寻宽度开展实证研究。因此，可细化研究可能影响知识型企业员工持续跨项目学习意愿的外部知识有用性变量，尚未对该变量进行细化，还可以延伸探索可能产生影响作用的其他外部因素。

第三，可深入分析中国本土情境因素对知识型企业员工跨项目学习的影响因素以及相关的组织知识治理策略。在中国情境下，企业跨项目学习实践必然会受到中国的文化、价值观念、社会规范、"关系"等本土情境因素的影响。这些软因素对企业员工跨项目学习行为和效果的影响可能比正式制度的影响更为深远、更为复杂。但是，现有的国内外文献较少研究这些中国本土情境因素对企业跨项目学习的影响因素及具有中国本土特色的企业知识治理策略，本书研究中也较欠缺此方面的探索。因此，今后可跳出国外跨项目学习和知识再用的影响因素和知识治理策略的研究框架，较多地关注中国情境下企业跨项目学习实践中的独特之处。

第四，同时使用定量实证检验和定性案例研究的混合方法研究知识型企业员工跨项目学习的影响因素和知识治理策略。对于本书研究内容，可进行完善的地方：对于知识型企业员工跨项目学习的影响因素和知识治理策略部分，可在现有的案例研究基础上，补充开展定量研究；对于员工持续跨项目学习意愿的影响因素部分，可在现有的定量研究基础上，增加案例研究。这样，更能揭示知识型企业员工跨项目学习的实践规律，有助于得到更为丰富的、更具说服力的研究结论。在今后的研究中，混合使用定量研究和案例分析方法将是实证研究设计的一种趋势。

参 考 文 献

［1］［美］彼得·圣吉. 第五项修炼：学习型组织的艺术实践［M］. 郭进隆，译. 上海：上海三联书店，1999.

［2］蔡爱丽. 高职院校学生 SPOC 持续学习影响因素及干预路径研究［J］. 中国职业技术教育，2017（35）：72－75，79.

［3］陈国权，马萌. 组织学习——现状与展望［J］. 中国管理科学，2000（1）：66－74.

［4］陈国权，孙锐，赵慧群. 个人、团队与组织的跨层级学习转化机制模型与案例研究［J］. 管理工程学报，2013，27（2）：23－31.

［5］陈国权，张中鑫，郑晓明. 企业部门间关系对组织学习能力和绩效影响的实证研究［J］. 科研管理，2014，35（4）：90－102.

［6］程龙，于海波. 变革型与交易型领导如何推动组织学习——基于组织文化的完全中介作用［J］. 山东财经大学学报，2018，30（6）：99－109.

［7］楚岩枫，黄晓琼. 复杂产品系统研发项目知识转移有效性评价模型及仿真分析［J］. 科技进步与对策，2013，30（10）：127－130.

［8］崔春阳，戴心来，单畅. MOOC 学习者持续学习意愿影响因素研究［J］. 中国教育信息化，2017（15）：5－8，12.

［9］邓春平，李晓燕，潘绵臻. 组织惰性下控制影响知识转移的压

力与认同机制——离岸 IT 服务外包中的案例研究 [J]. 科学学与科学技术管理, 2015, 36 (7): 38 - 48.

[10] 邓春平, 毛基业. 控制, 吸收能力与知识转移——基于离岸 IT 服务外包业的实证研究 [J]. 管理评论, 2012 (2): 131 - 139, 176.

[11] 杜亚丽. 跨层次视角下项目社会资本对知识转移的影响——以工程咨询项目为例 [J]. 东北财经大学学报, 2015 (3): 16 - 19.

[12] 杜亚丽. 社会资本对工程咨询项目绩效的影响——项目间知识转移的中介作用 [D]. 大连: 东北财经大学博士学位论文, 2012.

[13] 范青鑫. 学习型组织的思维逻辑 [J]. 上海管理科学, 2018, 40 (4): 6 - 9.

[14] 方统法, 杨文学, 李悠诚, 等. 知识型企业初探 [J]. 研究与发展管理, 1999 (1): 39 - 44.

[15] 冯海龙. 组织学习的概念界定及测量 [J]. 中国科技论坛, 2009 (1): 89 - 93.

[16] 古继宝, 张英, 管凯. 知识密集型企业项目组间知识转移博弈分析 [J]. 科学学研究, 2006, 24 (12): 590 - 594.

[17] 关涛. 跨国公司内部知识转移过程与影响因素的实证研究 [D]. 上海: 复旦大学博士学位论文, 2005.

[18] 葛京. 战略联盟中组织学习效果的影响因素及对策分析 [J]. 科学学与科学技术管理, 2004 (3): 136 - 140.

[19] 江源. 虚拟社区用户持续使用意愿影响因素研究——期望确认理论和服务质量视角 [D]. 南昌: 江西师范大学硕士学位论文, 2014.

[20] 邝宁华. 知识型企业的管理模式和团队间知识共享研究 [D]. 西安: 西安电子科技大学硕士学位论文, 2004.

[21] 雷妮. 企业内组织信任关系对组织学习过程影响实证研究

[J]. 湖南社会科学, 2016 (4): 115–119.

[22] 李东. 论知识型企业及其特征 [J]. 上海企业, 2001 (4): 13–14, 47.

[23] 李力, 张晋朝. 虚拟社区用户持续知识搜寻意愿影响因素研究 [J]. 情报杂志, 2016, 35 (8): 199–203, 138.

[24] 李力. 虚拟社区用户持续知识共享意愿影响因素实证研究——以知识贡献和知识搜寻为视角 [J]. 信息资源管理学报, 2016, 6 (4): 91–100.

[25] 李栓久, 陈维政. 个人学习、团队学习和组织学习的机理研究 [J]. 西南民族大学学报 (人文社科版), 2007 (9): 214–218.

[26] 刘畅. 组织合作创新与学习能力研究——来自吉林省汽车制造业企业的经验证据 [J]. 知识经济, 2017 (19): 19–20, 22.

[27] 刘小可, 陈通. 学习型组织的组织学习过程模型的构建 [J]. 西安电子科技大学学报 (社会科学版), 2011, 21 (1): 25–29.

[28] 李维安. 探求知识管理的制度基础: 知识治理 [J]. 南开管理评论, 2007 (3).

[29] 李颖. 跨项目团队知识共享研究 [J]. 科技进步与对策, 2006, 23 (2): 89–91.

[30] 李正风. 中国科技系统中的"系统失效"及其解决初探 [J]. 清华大学学报: 哲学社会科学版, 1999 (4): 19–24.

[31] 廖成林, 袁艺. 基于社会认知理论的企业内知识分享行为研究 [J]. 科技进步与对策, 2009, 26 (3): 137–139.

[32] 刘畅. 组织合作创新与学习能力研究——来自吉林省汽车制造业企业的经验证据 [J]. 知识经济, 2017 (19): 19–20, 22.

[33] 刘敦虎, 陈谦明, 黄萍, 等. 产学研联盟的组织学习研究

[J]. 科技管理研究，2009，29（9）：369 - 371.

[34] 刘静琳，李桂君. 项目间知识共享：量表与模型 [J]. 中国管理科学，2010，18（S1）：665 - 670.

[35] 刘勍勍，左美云，等. 基于期望确认理论的老年人互联网应用持续使用实证分析 [J]. 管理评论，2012，24（5）：89 - 101.

[36] 刘振华. B2C 环境下移动购物持续使用意愿的影响因素研究——基于期望确认模型 [J]. 商业经济研究，2017，（17）：49 - 52.

[37] 卢新元，周茜，高沛然，等. 基于激励机制与知识联盟的 IT 外包中知识转移风险规避模型 [J]. 情报科学，2013，31（5）：113 - 117.

[38] 罗珉. 组织间关系理论最新研究视角探析 [J]. 外国经济与管理，2007，29（1）：25 - 32.

[39] 罗伟良，方俐洛，于海波. 组织学习研究的争议 [J]. 心理科学进展，2006（5）：716 - 721.

[40] 梁祺，雷星晖，苏涛永. 知识治理研究综述 [J]. 情报杂志，2012，31（12）：74 - 80.

[41] [美] 马克卢普. 美国的知识生产与分配 [M]. 孙耀君，译北京：中国人民大学出版社，2007.

[42] 毛基业，李晓燕. 理论在案例研究中的作用——中国企业管理案例论坛（2009）综述与范文分析 [J]. 管理世界，2010（2）：106 - 113，140.

[43] 毛基业，张霞. 案例研究方法的规范性及现状评估——中国企业管理案例论坛（2007）综述 [J]. 管理世界，2008（4）：115 - 121.

[44] 潘培培，吴价宝，贺永正. 基于协同机制的个人、团队与组织的跨纵向边界学习转化机制研究 [J]. 中国管理科学，2015，23（S1）：310 - 315.

[45] 彭新敏，吴晓波，吴东. 基于二次创新动态过程的企业网络与组织学习平衡模式演化——海天 1971~2010 年纵向案例研究 [J]. 管理世界，2011 (4)：138-149，166，188.

[46] 彭正龙，陶然. 基于团队认知能力的知识转移影响机制研究 [J]. 管理工程学报，2009，23 (3)：12-15，5.

[47] 綦振法，王春涛. 略论知识型企业的组织模式创新 [J]. 软科学，2002 (2)：67-70.

[48] 任志安. 超越知识管理：知识治理理论的概念、框架及应用 [J]. 科研管理，2007 (1)：20-26，52.

[49] 疏礼兵. 团队内部知识转移的过程机制与影响因素研究——以企业研发团队为例 [D]. 杭州：浙江大学博士学位论文，2006.

[50] 宋艳双，刘人境. 知识阈值对组织学习绩效的影响研究 [J]. 管理科学，2016，29 (4)：94-103.

[51] 孙卫忠，刘丽梅，孙梅. 组织学习和知识共享影响因素试析 [J]. 科学学与科学技术管理，2005 (7)：135-138.

[52] 王国顺，郑准. 战略联盟内企业组织学习绩效的影响因素分析 [J]. 现代管理科学，2007 (4)：10-12.

[53] 王健友. 知识治理的起源与理论脉络梳理 [J]. 外国经济与管理，2007 (6).

[54] 王娟. 微博客用户的使用动机与行为——基于技术接受模型的实证研究 [D]. 济南：山东大学硕士学位论文，2010.

[55] 王能民，杨彤，汪应洛. 项目环境中知识转移的策略研究 [J]. 科学学与科学技术管理，2006，27 (3)：68-74.

[56] 王彦博，和金生. 创新导向型项目之间的知识共享研究 [J]. 电子科技大学学报 (社会科学版)，2010，12 (1)：30-34.

[57] 吴士健，孙专专，刘新民．知识治理、组织学习影响组织创造力的多重中介效应研究［J］．中国软科学，2017（6）：174－183．

[58] 吴涛．项目导向、组织学习和竞争优势——新旧项目间知识继承研究［J］．科技管理研究，2012，（7）：164－166，167．

[59] 徐青．ERP 实施知识转移影响因素实证研究［D］．杭州：浙江大学博士学位论文，2006．

[60] 严杰，刘人境，徐博．基于合作与竞争关系的组织学习研究［J］．软科学，2015，29（6）：70－75．

[61] 姚树俊，郭娜．IT 外包知识转移风险对企业创新绩效影响机理研究［J］．科学管理研究，2015，33（3）：76－79．

[62] 叶舒航，郭东强，葛虹．转型企业外部知识转移影响因素研究——基于元分析方法［J］．科学学研究，2014，32（6）：909－918，926．

[63] 易凌峰，张大均．组织学习机制：基于知识流模型的分析［J］．西南大学学报（社会科学版），2008（3）：151－155．

[64] 尹洁，李锋，葛世伦，等．ERP 实施顾问向关键用户知识转移影响因素研究——基于制造企业的实证分析［J］．科学学研究，2011，29（1）：112－120．

[65] 于海波，郑晓明，方俐洛，凌文辁．我国企业组织学习的内部机制、类型和特点［J］．科学学与科学技术管理，2007（11）：144－152．

[66] 于海波，郑晓明．人力资源管理实践对组织学习的影响［J］．科学学与科学技术管理，2009，30（2）：181－185．

[67] 于海波，方俐洛，凌文辁．组织学习整合理论模型［J］．心理科学进展，2004（2）：246－255．

[68] ［日］竹内弘高，野中郁次郎．知识创造的螺旋：知识管理理

论与案例研究 [M]. 李萌，译. 北京：知识产权出版社，2005.

[69] 张爱卿. 当代组织行为学——理论与实践 [M]. 北京：人民邮电出版社，2006.

[70] 张向先，李昆，郭顺利，弭元英. 知识生态视角下企业员工隐性知识转移过程及影响因素研究 [J]. 情报科学，2016，34 (10)：134 - 140.

[71] 张学军，许彦冰. 知识型企业价值评估模型研究 [J]. 上海理工大学学报，2006 (3)：303 - 306.

[72] 张玉华. 影响组织学习有效性的关键因素分析 [J]. 中国石油大学胜利学院学报，2014，28 (1)：81 - 84.

[73] 张哲，赵云辉. 社会资本视角下知识转移的影响因素研究 [J]. 技术经济与管理研究，2016，(1)：74 - 77.

[74] 赵韵宇，田登登，赵贫. 建筑工程项目知识共享影响因素研究 [J]. 价值工程，2017，36 (7)：232 - 235.

[75] 赵中华，孟凡臣. 知识治理对目标方知识员工行为激励的机理研究 [J]. 南开管理评论，2019，22 (3)：4 - 14.

[76] 周文霞，郭桂萍. 自我效能感：概念、理论和应用 [J]. 人民大学学报，2006，1 (1)：91 - 94.

[77] 朱少英，齐二石. 组织学习中群体间知识共享行为影响因素分析 [J]. 管理学报，2009，6 (4)：478 - 481.

[78] 朱烨香. 项目间知识转移模型及因素研究 [J]. 中国商界，2009 (8)：95 - 96.

[79] 朱瑜，王雁飞. 组织学习：内涵、基础与本质 [J]. 科技管理研究，2010，30 (10)：154 - 156，177.

[80] 左美云，赵大丽，刘雅丽. 知识转移方式的规范分析：过程、

方式和治理 [J]. 信息系统学报, 2011 (7): 22 – 36.

[81] 左美云, 许珂, 陈禹. 企业知识管理的内容框架研究 [J]. 中国人民大学学报, 2003 (5): 69 – 76.

[82] Ajmal M. M., Koskinen K. U. Knowledge transfer in project – based organizations: an organizational culture perspective [J]. Project Management Journal, 2008, 39 (1): 7 – 15.

[83] Alavi M., Leidner D. E. Review: knowledge management and knowledge management systems: conceptual foundation and research issues [J]. MIS Quarterly, 2001, 25 (1): 107 – 136.

[84] Allen T. J. Sources of ideas and their effectiveness inparallel R&D projects [R]. Working Paper (Sloan School of Management), 1965 (July): 130 – 165.

[85] Antonelli C. The business governance of localized knowledge: an information economics approach for the economics of knowledge [J]. Industry and Innovation, 2006, 13 (3): 227 – 261.

[86] Antoni M., Nilsson-Witell L., Dahlgaard J. J. Inter-project improvement in product development [J]. International Journal of Quality & Reliability Management, 2005, 22 (9): 876 – 893.

[87] Antoni M. Inter-project learning——a quality perspective [D]. Licentiate thesis, Institute of Technology, Linköping, Sweden, 2000.

[88] Aoshima Y. Transfer of system knowledge across generations in new product development empirical observations from Japanese automobile development [J]. Industrial Relations, 2002, 41 (4): 605 – 628.

[89] Argote L., Ingram P. Knowledge transfer: a basis for competitive advantage in firms [J]. Organizational Behavior and Human Decision Proces-

ses, 2000, 82 (1): 150 – 169.

[90] Argyris C. , Schon D. A. Organizational learning: A theory of action perspective [M]. MA: Addison Wesley, 1978.

[91] Bagozzi R. P. , Yi T. On the evaluation of structural equation models [J]. Journal of the Academy of Marketing Science, 1988 (16): 74 – 94.

[92] Bakker R. M. , Cambré B. , Korlaar L. , et al. Managing the project learning paradox: a set-theoretic approach toward project knowledge transfer [J]. International Journal of Project Management, 2011 (29): 494 – 503.

[93] Baldwin A. The role of an "ability" construct in a theory of behavior [G]. McClelland D. , Baldwin A. , Bronfenbrenner U. , Strodtbeck F. (Eds) Talent and Society: New Perspectives in Identification of Talent. New York: Van Nostrand Reinhold, 1959, 195 – 234.

[94] Bandura A. Social cognitive theory: an agentic perspective [J]. Annual Review of Psychology, 2001 (52): 1 – 26.

[95] Bandura A. Social learning theory [M]. Englewood Cliffs, N. J. Prentic-Hall, 1977.

[96] Bandura A. The self system in reciprocal determinism [J]. The American Psychologist, 1978, 33 (4): 344 – 358.

[97] Bandura A. , Schunk D. H. Cultivating competence, self-efficacy, and intrinsic interest through proximal self-motivation [J]. Journal of Personality and Social Psychology, 1981, 41 (3): 586 – 598.

[98] Bandura A. Self-efficacy: The exercise of control [J]. Encyclopedia of Human Behavior, 1997 (4): 71 – 81.

[99] Barney J. B. Firm resources and sustained competitive advantage [J]. Journal of Management, 1991, 17 (1): 99 – 120.

[100] Barney J. B. Strategic factor markets: expectations, luck, and business strategy [J]. Management Science, 1986, 32 (10): 1231 – 1241.

[101] Bartezzaghi E. , Corso M. , Verganti R. Continuous improvement and inter-project learning in new product development [J]. International Journal of Technology Management, 1997, 14 (1): 116 – 138.

[102] Beck R. , Pahlke I. , Seebach C. Knowledge exchange and symbolic action in social media-enabled electronic networks of practice: a multilevel perspective on knowledge seekers and contributors [J]. MIS Quarterly, 2014, 38 (4): 1245 – 1270.

[103] Berg B. L. Qualitative research methods for the social sciences [M]. Boston: Allyn and Bacon, 2001.

[104] Bertness, M. D. , Leonard G. H. The role of positive interactions in communities: lessons from intertidal habitats [J]. Ecology, 1997, 78 (7): 1976 – 1989.

[105] Betz S. , Oberweis A. , Stephan R. Knowledge transfer in offshore outsourcing software development projects: an analysis of the challenges and solutions from German clients [J]. Expert Systems, 2014, 31 (3): 282 – 297.

[106] Bhattacherjee A. Understanding information systems continuance: an expectation – confirmation model [J]. MIS Quarterly, 2001, 25 (3): 351 – 370.

[107] Björkegren C. Learning for the next project: bearers and barriers in knowledge transfer within an organisation [D]. Institute for Management of Innovation and Technology, Linköping University, Linköping, Sweden, 1999.

[108] Blackburn S. The project manager and the project-Network [J].

International Journal of Project Management, 2002 (3): 199 - 204.

[109] Bock G. W. , Zmud R. W. , Kim Y. G. Behavioral intention formation in knowledge - sharing: examining the roles of extrinsic motivators, social - psychological forces, and climate [J]. MIS Quarterly, 2005, 29 (1): 87 - 111.

[110] Boh W. F. Mechanisms for sharing knowledge in project - based organizations [J]. Information and Organization, 2007, 17: 27 - 58.

[111] Brady T. , Davies A. Building project capabilities: from exploratory to exploitative learning [J]. Organization Studies, 2004, 25 (9): 1601 - 1621.

[112] Brauner E. , Becker A. Beyond knowledge sharing: the management of transactive knowledge systems [J]. Knowledge and Process Management, 2006, 13 (1): 62 - 71.

[113] Brown M. M. , O'Toole L. J. , Brudney J. L. Implementing information technology in government: an empirical assessment of the role of local partnerships [J]. Journal of Public Administration, 1998, 8 (4): 499 - 525.

[114] Brown T. C. The effect of verbal self - guidance training on collective efficacy and team performance [J]. Personnel Psychology, 2003, 56 (4): 935 - 964.

[115] Bussey K. , Bandura A. Social cognitive theory of gender development and differentiation [J]. Psychological Review, 1999, 106 (4): 676 - 713.

[116] Cacciatori E. , Tamoschus D. , Grabher G. Knowledge transfer across projects: codification in creative, high-tech and engineering industries [J]. Management Learning, 2012, 43 (3): 309 - 331.

[117] Cao D. P. , Wang G. B. Contractor-subcontractor relationships

with the implementation of emerging interorganizational technologies: roles of cross-project learning and pre-contractual opportunism [J]. International Journal of Construction Education and Research, 2014, 10 (4): 268 –284.

[118] Charueduboc F. A Theoretical framework for understanding the organization of the R&D Function. An empirical illustration from the chemical and pharmaceutical industry [J]. International Journal of Innovation Management, 2006, 10 (4): 455 –476.

[119] Chen I. Y. L. The factors influencing members' continuance intentions in professional virtual communities-A longitudinal study [J]. Journal of Information Science, 2007, 33 (4): 451 –467.

[120] Chen M. L. , Lin C. P. Assessing the effects of cultural intelligence on team knowledge sharing from a socio-cognitive perspective [J]. Human Resource Management, 2013, 52 (5): 675 –695.

[121] Cheng P. , Choi C. J. , Eldomiaty T. I. Governance structures of socially complex knowledge flows: Exchange, entitlement and gifts [J]. The Social Science Journal, 2006 (43): 653 –657.

[122] Chiu C. , Wang E. T. G. , Shih F. , Fan Y. Understanding knowledge sharing in virtual communities: an integration of expectancy disconfirmation and justice theories [J]. Online Information Review, 2011, 35 (1): 134 –153.

[123] Chiu C. M. Understanding knowledge sharing in virtual communities: An integration of social capital and social cognitive theories [J]. Decision Support Systems, 2006, 42 (3): 1872 –1888.

[124] Choi C. J. , Cheng P. , Hilton B. , Russell E. Knowledge governance [J]. Journal of Knowledge Management, 2005, 9 (6): 67 –75.

[125] Chou S. W. , Hsu C. S. An empirical investigation on knowledge use in virtual communities-A relationship development perspective [J]. International Journal of Information Management, 2018, 38 (1): 243 – 255.

[126] Chou C. H. , Wang Y. S. , Tang T. I. Exploring the determinants of knowledge adoption in virtual communities: A social influence perspective [J]. International Journal of Information Management, 2015, 35: 364 – 376.

[127] Choudhary A. , Oluikpe P. I. , Harding J. , Carrillo P. M. The needs and benefits of Text Mining applications on Post-Project Reviews [J]. Computers in Industry, 2009, 60 (9): 728 – 740.

[128] Churchill G. A. , Surprenant C. An investigation into the determinants of customer satisfaction [J]. Journal of Marketing Research, 1982, 19 (4): 491 – 504.

[129] Churchill G. A. , Peter J. P. Research design effects on the reliability of rating scales: a meta-analysis [J]. Journal of Marketing Research, 1984, 21 (4): 360 – 375.

[130] Cohen W. M. , Levinthal D. A. Absorptive capacity: anew perspective on learning and innovation [J]. Administrative Science Quarterly, 1990, 35 (1): 128 – 152.

[131] Compeau D. R. , Higgins C. A. Computer self – efficacy development of a measure and initial Test [J]. MIS Quarterly, 1995, 19 (2): 189 – 211.

[132] Compeau D. R. , Higgins C. A. Social cognitive theory and individual reactions to computing technology: a longitudinal study [J]. MIS Quarterly, 1999, 23 (2): 145 – 158.

[133] Contractor F. J. , Ra W. How knowledge attributes influence alli-

ance governance choices: A theory development note [J]. Journal of International Management. 2002 (8): 11 –27.

[134] Cummings J. , Teng B. Transferring R & D knowledge: the key factors affecting knowledge transfer success [J]. Journal of Engineering and Technology Management, 2003, 20 (1 –2): 39 –68.

[135] Cummings J. L. Knowledge transfer across R & D units: an empirical investigation of the factors affecting successful knowledge transfer across intra and inter-organizational units [D]. Ph. D. Thesis, The George Washington University, 2002.

[136] Crossan M. M. , Lane H. W. , White R. E. An Organizational Learning Framework: From Intuition to Institution [J]. Academy of Management Review, 1999, 24 (3): 522 –537.

[137] Dağhan G. , Akkoyunlu B. Modeling the continuance usage intention of online learning environments [J]. Computers in Human Behavior, 2016 (60): 198 –211.

[138] Davenport T. H. , Prusak L. Working knowledge: how organizations manage what they know [M]. Boston: Harvard Business School Press, 1998.

[139] Davis F. D. , Bagozzi R. P, Warshaw P. R. User acceptance of computer technology: a comparison of two theoretical models [J]. Management Science, 1989, 35 (8): 982 – 1003.

[140] Desouza K. C. , Evaristo J. R. Project management offices: a case of knowledge-based archetypes [J]. International Journal of Information Management, 2006 (5): 414 –423.

[141] Disterer G. Management of project knowledge and experiences [J]. Journal of Knowledge Management, 2002, 6 (5): 512 –520.

［142］Dixon N. M. The organizational learning cycle ［M］. McGraw-HILL Book Company, 1995: 38 – 40.

［143］Dixon N. M. Common knowledge: how companies thrive by sharing what they know ［M］. Boston: Harvard Business School Press, 2000.

［144］Dodgson M. Organizational learning: a review of some literatures ［J］. Organization Studies, 1993, 14 (3): 375 – 394.

［145］Drucker P. F. Post-capitalist society ［M］. New York: Harper Business, 1993.

［146］Dyer Jr. W. G. , Wilkins A. L. Better stories, not better constructs, to generate better theory: a rejoinder to Eisenhardt ［J］. Academy of Management Review, 1991, 16 (3): 613 – 619.

［147］Eisenhardt K. M. Better stories and better constructs: the case for rigor and comparative logic ［J］. Academy of Management Review, 1991, 16 (3): 620 – 627.

［148］Eisenhardt K. M. Building theories from case study research ［J］. Academy of Management Review, 1989, 14 (4): 532 – 550.

［149］Engwall M. No project is an island: linking projects to history and context ［J］. Research Policy, 2003, 32: 789 – 808.

［150］Eriksson P. E. Exploration and exploitation in project-based organizations: development and diffusion of knowledge at different organizational levels in construction companies ［J］. International Journal of Project Management, 2013, (31): 333 – 341.

［151］Eskerod P. , Skriver H. J. Organizational culture restraining in-house knowledge transfer between project managers—a case Study ［J］. Project Management Journal, 2007, 38 (1): 110 – 122.

［152］Ferreras – Méndez J. L. , Newell S. , Fernández-Mesa A. , Alegre J. Depth and breadth of external knowledge search and performance: The mediating role of absorptive capacity ［J］. Industrial Marketing Management, 2015, 47: 86 – 97.

［153］Fiol C. M. , Lyles M. A. Organizational learning ［J］. Academy of Management Review, 1985, 10 (4): 803 – 813.

［154］Fitzek D. Knowledge management in inter-project learning: a systematic attempt of integration ［D］. Linköping University, Sweden, 1999.

［155］Flood R. L. , Romm N. R. A. Diversity Management: Triple loop learning ［J］. Journal of the Operational Research Society, 1998, 49 (3): 293 – 296.

［156］Floricel S. , Bonneau C. , Aubry M. , Sergi, V. Extending project management research: Insights from social theories ［J］. International Journal of Project Management, 2014, 32 (7): 1091 – 1107.

［157］Fornell C. , Larcker D. F. Evaluating structural equation models with unobservable variables and measurement error ［J］. Journal of Marketing Research, 1981, 18 (1): 39 – 50.

［158］Foss N. J. , Husted K. , Michailova S. , Pedersen T. Governing knowledge processes: theoretical foundations and research op-portunities ［R］. CKG Working Paper, No. 1/2003, Center for Knowledge Governance, Copenhagen Business School, 2003.

［159］Foss N. J. The emerging knowledge governance approach: Challenges and characteristics ［R］. Druid Working Paper, No. 06 – 10. Danish Research Unit for Industrial Dynamics, 2006.

［160］Foss N. J. The knowledge governance approach ［R］. SMG Working Paper, No. 1/2005, Center for Strategic Management and Glo-balization, Copenhagen Business School, 2005.

[161] Frank A. G. , Ribeiro J. L. D. , Echeveste M. E. Factors influencing knowledge transfer between NPD teams: a taxonomic analysis based on a sociotechnical approach [J]. R & D Management, 2015, 45 (1): 1 – 22.

[162] Goh S. C. Toward a learning organization: the strategic building blocks [J]. Sam Advanced Management Journal, 1998, 63 (2): 15 – 22.

[163] Goh S. C. Managing effective knowledge transfer: an integrative framework and some practice implications [J]. Journal of Knowledge Management, 2002, 6 (1): 23 – 30.

[164] Gold A. H. , Malhotra A. , Segars A. Knowledge management: an organizational capabilities perspective [J]. Journal of Management Information Systems, 2001, 18 (1): 185 – 213.

[165] Gorovaia N. , Windsperger J. Determinants of knowledge transfer strategy in franchising: integrating knowledge-based and relational governance perspectives [J]. Service Industries Journal. 2013, 33 (12): 1117 – 1134.

[166] Grandori A. Neither hierarchy nor identity: knowledge governance mechanisms and the theory of the firm [J]. Journal of Management and Governance, 2001, 5 (3 – 4): 381 – 399.

[167] Grandori A. Governance structures, coordination mechanisms and cognitive models [J]. Journal of Management and Governance, 1997, 1: 29 – 47.

[168] Grant R. M. Toward a knowledge-based theory of the firm [J]. Strategic Management Journal, 1996, 17 (Winter Special Issue): 109 – 122.

[169] Guan X. , Deng S. L. Understanding the factors influencing user

intention to continue contributing knowledge in social Q & A communities [J].
Chinese Journal of Library and Information Science, 2013, 6 (3): 75 – 90.

[170] Gupta A. K., Govindarajan V. Knowledge flows within multinational
corporations [J]. Strategic Management Journal, 2000, 21 (4): 473 – 496.

[171] Haas M. R., Hansen M. T. Different knowledge, different bene-
fits: toward a productivity perspective on knowledge sharing in organizations
[J]. Strategic Management Journal, 2007, 28 (11): 1133 – 1153.

[172] Hair J. F., Anderson R. E., Tatham R. L., Black W. C. Multiva-
riate data analysis with readings (4th ed.) [M]. Englewood Cliffs: Prentice-
Hall, Inc, 1995.

[173] Hanisch B., Lindner F., Mueller A., et al. Knowledge man-
agement in project environments [J]. Journal of Knowledge Management,
2009, 13 (4): 148 – 160.

[174] Hansen M. T. The search-transfer problem: the role of weak ties
in sharing knowledge across organization subunits [J]. Administrative Science
Quarterly, 1999, 44 (1): 82 – 111.

[175] Hansen M. T., Nohria N., Tiemey T. What's your strategy for man-
aging knowledge? [J]. Harvard Business Review, 1999, 77 (2): 106 – 117.

[176] Hartmann A., Dorée A. Learning between projects: more than
sending messages in bottles [J]. International Journal of Project Management,
2015, 33 (2): 341 – 351.

[177] He W., Wei K K. What drives continued knowledge sharing? An
investigation of knowledge-contribution and-seeking beliefs [J]. Decision Sup-
port Systems, 2009, 46 (4): 826 – 838.

[178] Hsieh H. F., Shannon S. E. Three approaches to qualitative con-

tent analysis [J]. Qualitative Health Research, 2005, 15 (9): 1277 – 1288.

[179] Jewels T. , Underwood A. , Ford M. Determining the constructs for a survey instrument to examine knowledge sharing behavior in IT project environments [C]. Proceedings of the Ninth Pacific Asia Conference on Information Systems, 2005.

[180] Jin X. L. , Zhou Z. , Lee M. K. O. , et al. Why users keep answering questions in online question answering communities: a theoretical and empirical investigation [J]. International Journal of Information Management, 2013, 33 (1): 93 – 104.

[181] Jonas D. Empowering project portfolio managers: how management involvement impacts project portfolio management performance [J]. International Journal of Project Management, 2010, 28 (8): 818 – 831.

[182] Joshi K. D. , Sarker S. Examining the role of knowledge, source, recipient, relational, and situational context on knowledge transfer among face-to-face ISD team [C]. Proceedings of the 39th Hawaii International Conference on System Sciences, 2006.

[183] Joshi K. D. , Sarker S. , Sarker S. Knowledge transfer among face-to-face information systems development team members: examining the role of knowledge, source, and relational context [C]. Proceedings of the 37th Hawaii International Conference on System Sciences, 2004.

[184] Joshi K. D. , Sarker S. , Sarker S. Knowledge transfer within information systems development teams examining the role of knowledge source attributes [J]. Decision Support Systems, 2007, 43 (2): 322 – 335.

[185] Julian J. How project management office leaders facilitate cross-project learning and continuous improvement [J]. Project Management Jour-

nal, 2008, 39 (3): 43 –58.

[186] Kane A. , Argote L. , Levine J. Knowledge transfer between groups via personnel rotation: effects of social identity and knowledge quality [J]. Organizational Behavior and Human Decision Processes, 2005, 96 (1): 56 –71.

[187] Kang M. , Yong S. H. Multi-level analysis of knowledge transfer: a knowledge recipient's perspective [J]. Journal of Knowledge Management, 2014, 18 (4): 758 –776.

[188] Karlsen J. T. , Gottschalk P. Factors affecting knowledge transfer in IT projects [J]. Engineering Management Journal, 2004, 16 (1): 3 –10.

[189] Khedhaouria A. , Jamal A. Sourcing knowledge for innovation: knowledge reuse and creation in project teams [J]. Journal of Knowledge Management, 2015, 19 (5): 932 –948.

[190] Kim B. An empirical investigation of mobile data service continuance: Incorporating the theory of planned behavior into the expectation-confirmation model [J]. Expert Systems with Applications, 2010 (37): 7033 –7039.

[191] Ko D. G. The mediating role of knowledge transfer and the effects of client-consultant mutual trust on the performance of enterprise implementation projects [J]. Information & Management, 2014, 51 (5): 541 –550.

[192] Ko D. G. , Kirsch L. J. , King W. R. Antecedents of knowledge transfer from consultants to clients in enterprise system implementations [J]. MIS Quarterly, 2005, 29 (1): 59 –85.

[193] Kolekofski K. E. , Heminger A. R. Beliefs and attitudes affecting intentions to share information in an organizational setting [J]. Information & Management, 2003, 40 (6): 521 –532.

［194］Kotnour T. , Landaeta R. Developing a theory of knowledge management across projects ［R］. Working Paper, 2002.

［195］Kulkarni U. R. , Ravindran S. , Freeze R. A knowledge management success model: theoretical development and empirical validation ［J］. Journal of Management Information Systems, 2006, 23 (3): 309 – 347.

［196］Kusunoki K. , Numagami T. Interfunctional transfers of engineers in Japan: empirical findings and implications for cross-functional integration ［J］. Engineering Management, 1998, 45 (3): 250 – 262.

［197］Kogut B. , Zander U. Knowledge of the firm, combinative capabilities, and the replication of technology ［J］. Organization Science, 1992 (3): 383 – 397.

［198］Lai C. Y. , Yang H. L. The reasons why people continue editing Wikipedia content-task valve conformation perspective ［J］. Behavior & Information Technology, 2014, 33 (12): 1371 – 1382.

［199］Lampel J. , Scarbrough H. , Macmillan S. Managing through projects in knowledge-based environments: special issue introduction by the Guest Editors ［J］. Long Range Planning, 2008, 41 (1): 7 – 16.

［200］Landaeta R. E. Evaluating benefits and challenges of knowledge transfer across projects ［J］. Engineering Management Journal, 2008, 20 (1): 29 – 38.

［201］Laursen K. , Salter A. Open for Innovation: the role of openness in explaining innovation performance among U. K. manufacturing firms ［J］. Strategic Management Journal, 2006, 27 (2): 131 – 150.

［202］Lee T. W. , Mitchell T. R. , Sabylinski C. J. Qualitative research in organizational and vocational psychology: 1979 – 1999 ［J］. Journal of Vocational Behavior, 1999, 55 (1): 161 –187.

[203] Lewis K. , Lange D. , Gillis L. Transactive memory systems, learning, and learning transfer [J]. Organization Science, 2005, 16 (6): 581 –598.

[204] Li S. T. , Tsai M. H. , Lin C. Building a taxonomy of a firm's knowledge assets: a perspective of durability and profitability [J]. Journal of Information Science, 2010, 36 (1): 36 –56.

[205] Lin T. , Huang C. Understanding knowledge management system usage antecedents: An integration of social cognitive theory and task technology fit [J]. Information & Management, 2008, 45 (6): 410 –417.

[206] Locke E. A. The nature and causes of job satisfaction [J]. Handbook of Industrial & Organizational Psychology, 1976, 31: 1297 –1349.

[207] Macintosh A. , Whyte A. Towards an evaluation framework for e-Participation [J]. Transforming Government: People, Process and Policy, 2008, 2 (1): 16 –30.

[208] Mahnke V. , Pedersen T. Knowledge governance and value creation [A]. in Mahnke V. , Pedersen, T (Eds.) . Knowledge flows, governance and the multinational enterprise [C]. London: Palgrave Macmillan, 2004: 3 –17.

[209] Mainga W. An examination of the nature and type of "organizational learning infrastructure" that supports inter-project learning in swedish consultancy firms [J]. International Review of Business, 2010, 6 (3): 129 –156.

[210] Lane P. J. , Lubatkin M. Relative absorptive capacity and interorganizational learning [J]. Strategic Management Journal, 1998, 19 (5): 461 –477.

［211］March J. G. Exploration and exploitation in organizational learning ［J］. Organization Science, 1991, 2 (1): 71 - 87.

［212］Martin P. Y. , Turner B. A. Grounded theory and organizational research ［J］. Journal of Applied Behavioral Science, 1986, 22 (2): 141 - 157.

［213］McDermott R. , O'Dell C. Overcoming cultural barriers to sharing knowledge ［J］. Journal of Knowledge Management, 2001, 5 (1): 76 - 85.

［214］Menon T. , Pfeffer J. Valuing internal vs. external knowledge: explaining the preference for outsiders ［J］. Management Science, 2003, 49 (4): 497 - 513.

［215］Meo P. D. , Plutino D. , Quattrone G. , et al. A team building and team update system in a projectised organization scenario ［J］. International Journal of Data Mining Modelling & Management, 2010, 2 (1): 22 - 74.

［216］Miles M. B. , Huberman A. M. Qualitative data analysis: an expanded sourcebook ［M］. Thousand Oaks: Sage, 1994.

［217］Mingers J. Combining IS research methods: towards a pluralist methodology ［J］. Information Systems Research, 2001, 12 (3): 240 - 259.

［218］Mitchell R. K. , Agle B. R. , Wood D. J. Toward a theory of stakeholder identification and salience: defining the principle of who and what really counts ［J］. The Academy of Management Review, 1997, 22 (4): 853 - 886.

［219］Morris P. W. G. Reconstructing project management ［M］. Wiley-Blackwell, Chichester, 2013.

［220］Mu J. , Tang F. , MacLachlan D. L. Absorptive and disseminative capacity: knowledge transfer in intra-organization networks ［J］. Expert

Systems with Applications, 2010 (37): 31 – 38.

[221] Newell S. , Bresnen M. , Edelman L. , et al. Sharing knowledge across projects: limits to ICT – led project review practices [J]. Management Learning, 2006, 37 (2): 167 – 185.

[222] Newell S. , College B. Enhancing cross-project learning [J]. Engineering Management Journal, 2004, 16 (1): 12 – 19.

[223] Newell S. , Edelman L. F. Developing a dynamic project learning and cross-project learning capability: synthesizing two perspectives [J]. Information Systems Journal, 2008, 18 (6): 567 – 591.

[224] Nickerson J. A. , Zenger T. R. A knowledge-based theory of the firm: The problem-solving perspective [J]. Organization Science, 2004, 15 (6): 617 – 632.

[225] Nobeoka K. , Cusumano M. A. Multi-project management: inter-project interdependency and organizational coordination in new product development [R]. Working paper, Sloan School of Management, Massachusetts Institute of Technology, 1994.

[226] Nobeoka K. Inter-project learning in new product development [J]. Academy of Management Journal, 1995, 38 (4): 432 – 436.

[227] Nonaka I. A dynamic theory of organizational knowledge creation [J]. Organization Science, 1994, 5 (1): 14 – 37.

[228] Oliver R. L. A cognitive model of the antecedents and consequences of satisfaction decisions [J]. Journal of Marketing Research, 1980, 460 – 469.

[229] Pandey S. C. , Dutta A. Role of knowledge infrastructure capabilities in knowledge management [J]. Journal of Knowledge Management,

2013，17（3）：435 – 453.

［230］Park C. W. ，Im G. ，Keil M. Overcoming the mum effect in IT project reporting：impacts of fault responsibility and time urgency ［J］. Journal of the Association for Information Systems，2008，9（7）：409 – 431.

［231］Park J. G. ，Lee J. Knowledge sharing in information systems development projects：explicating the role of dependence and trust ［J］. International Journal of Project Management，2014，32（1）：153 – 165.

［232］Patterson P. G. ，Johnson L. W. ，Spreng R. A. Modeling the determinants of customer satisfaction for Business – to – Business professional services ［J］. Journal of the Academy of Marketing Science，1997，25（1）：4.

［233］Pellegrinelli S. ，Murray – Webster R. ，Turner N. Facilitating organizational ambidexterity through the complementary use of projects and programs ［J］. International Journal of Project Management，2015，33（1）：153 – 164.

［234］Peltokorpi V. ，Tsuyuki E. Knowledge governance in a Japanese project – based organization ［J］. Knowledge Management Research and Practice，2006（4）：36 – 45.

［235］Penrose E. T. The theory of the growth of the firm ［M］. New York：John Wiley & Sons，1959.

［236］Pemsel S. ，Müller R. ，Söderlund J. Knowledge governance strategies in project – based organizations ［J］. Long Range Planning，2016，49（6）：648 – 660.

［237］Petlt T. A. A behavioral theory of management ［J］. Academy of Management Journal，1967，10（4）：341 – 350.

[238] Petter S. , Randolph A. B. Developing soft skills to manage user expectations in IT projects: knowledge reuse among IT project managers [J]. Project Management Journal, 2009, 40 (4): 45 –59.

[239] Petter S. , Vaishnavi V. Facilitating experience reuse among software project managers [J]. Information Sciences, 2008 (178): 1783 –1802.

[240] Pettigrew A. M. Longitudinal field research on change: theory and practice [J]. Organization Science, 1990, 1 (3): 267 –292.

[241] Pinho I. , Pinho C. , Costa A. P. Knowledge governance: building a conceptual framework [J]. Fronteiras: Journal of Social, Technological and Environmental Science, 2019, 8 (1): 72 –92.

[242] Polanyi M. The tacit dmiension [M]. London: Routledge, 1966.

[243] Porter M. Competitive strategy [M]. New York: Free Press, 1980.

[244] Prencipe A. , Tell F. Inter-project learning: processes and outcomes of knowledge codification in project-based firms [J]. Research Policy, 2001, 30 (9): 1373 –1394.

[245] Prusak L. Knowledge in organizations [M]. Boston: Butterworth-Heinemann, MA, 1997.

[246] Roberts B. Pick employees' brains [J]. HR Magazine, 2000, 45 (2): 115 –120.

[247] Ryu S. , Ho S. H. , Han I. Knowledge sharing behavior of physicians in hospitals [J]. Expert Systems with Applications, 2003, 25 (1): 113 –122.

[248] Sarker S. , Nicholson D. B. , Joshi. D. Knowledge transfer in virtual systems development teams: an exploratory study of four key enablers [J]. Transactions on Professional Communication, 2005, 48 (2): 201 –218.

[249] Scarbrough H. , Bresnen M. , Edelman L. F. , et al. The processes of project-based learning: an exploratory study [J]. Management Learning, 2004, 35 (4): 491 – 506.

[250] Schindler M. , Eppler M. J. Harvesting project knowledge: a review of project learning methods and success factors [J]. International Journal of Project Management, 2003, 21 (3): 219 – 228.

[251] Schulz M. , Jobe L. A. Codification and tacitness as knowledge management strategies: an empirical exploration [J]. Journal of High Technology Management Research, 2001, 12 (1): 139 – 165.

[252] Schwab A. , Miner A. S. Learning in hybrid-project systems: the effects of project performance on repeated collaboration [J]. The Academy of Management Journal, 2008, 51 (6): 1117 – 1149.

[253] Sderlund J. Competence dynamics and learning processes in project-based firms shifting, adapting and leveraging [J]. International Journal of Innovation Management, 2008, 12 (1): 41 – 67.

[254] Senge P. The fifth discipline [M]. London: Century Books, 1993.

[255] Sié L. , Yakhlef A. Passion and expertise knowledge transfer [J]. Journal of Knowledge Management, 2009, 13 (4): 175 – 186.

[256] Simonin B. L. Ambiguity and the process of knowledge transfer in strategic alliances [J]. Strategic Management Journal, 1999, 20 (7): 595 – 623.

[257] Simonin B. L. An empirical investigation of the process of knowledge transfer in international strategic alliances [J]. Journal of International Business Studies, 2004, 35 (5): 407 – 427.

[258] Singley M. K. , Anderson J. R. The transfer of cognitive skill

[M]. Cambridge, MA: Harvard University Press, 1989.

[259] Slaughter S. A. , Kirsch L. J. The effectiveness of knowledge transfer portfolios in software process improvement: a field study [J]. Information Systems Research, 2006, 17 (3): 301 –320.

[260] Soderquist K. E. , Prastacos G. P. Knowledge transfer in NPD projects: lessons from 12 global corporations [C]. The third European Conference on Organizational Knowledge, Learning and Capabilities, Athens, 2002.

[261] Soderquist K. E. Organising knowledge management and dissemination in new product development: lessons from 12 global corporations [J]. Long Range Planning, 2006, 39 (5): 497 –523.

[262] Stemler S. An overview of content analysis, practical assessment [J]. Research & Evaluation, 2001, 7 (17): 1 –6.

[263] Strauss A. , Corbin J. Basics of qualitative research: techniques and procedures for developing grounded theory [M]. 2nd ed. Thousand Oaks, CA: Sage, 1998.

[264] Szulanski G. Exploring internal stickiness: impediments to the transfer of best practice within the firm [J]. Strategic Management Journal, 1996, 17 (Winter Special Issue): 27 –43.

[265] Teller, J. , Unger B. N. , Kock A. Formalization of project portfolio management: the moderating role of project portfolio complexity [J]. International Journal of Project Management, 2012, 30 (5): 596 –607.

[266] Tesch D. , Sobol M. G. , Klein G. , et al. User and developer common knowledge: effect on the success of information system development projects [J]. International Journal of Project Management, 2009, 27 (7): 657 –664.

［267］Timbrell G. , Andrews N. , Gable G. Impediments to inter – firm transfer of best practice: in an enterprise systems context ［C］. AMCIS 2001 Proceedings, 2001: 211.

［268］Todorović M. L. , Petrović D. č. , Mihić M. M. , et al. Project success analysis framework: a knowledge-based approach in project management ［J］. International Journal of Project Management, 2015, 33 （4）: 772 – 783.

［269］Tsai M. T. , Cheng N. C. Programmer perceptions of knowledge-sharing behavior under social cognitive theory ［J］. Expert Systems with Applications, 2010, 37 （12）: 8479 – 8485.

［270］Waller M. J. , Conte J. M. , Gibson C. B. , et al. The effect of individual perceptions of deadlines on team performance ［J］. Academy of Management Review, 2001, 26 （4）: 586 – 600.

［271］Walumbwa F. O. , Lawler J. J. , Avolio B. J. , et al. Transformational leadership and work-related attitudes: the moderating effects of collective and self-efficacy across cultures ［J］. Journal of Leadership and Organizational Studies, 2005, 11 （2）: 2 – 16.

［272］Watson S. , Hewett K. A. Multi-theoretical model of knowledge transfer in organizations: determinants of knowledge contribution and knowledge reuse ［J］. Journal of Management Studies, 2006, 43 （2）: 141 – 173.

［273］Wernerfelt B. A resource-based view of the firm ［J］. Strategic Management Journal, 1984, 5 （2）: 171 – 180.

［274］Whyte G. , Saks A. M. , Hook S. When success breeds failure: The role of self-efficacy in escalating commitment to a losing course of action ［J］. Journal of Organizational Behavior, 1997, 18 （5）: 415 – 432.

[275] Wiewiora A. , Murphy G. , Trigunarsyah B. , et al. Interactions between organizational culture, trustworthiness, and mechanisms for inter-project knowledge sharing [J] . Project Management Journal, 2014, 45 (2): 48 – 65.

[276] Wiewiora A. , Trigunarsyah B. , Murphy G. , et al. The impact of unique characteristics of projects and project-based organizations on knowledge transfer [C]. 10th European Conference on Knowledge Management, 2009, 3 – 4 September, Università Degli Studi Di Padova, Vicenza, Italy.

[277] Wiewiora A. , Trigunarsyah B. , Murphy G. Organizational culture and willingness to share knowledge: a competing values perspective in australian context [J] . International Journal of Project Management, 2013 (31): 1163 – 1174.

[278] Williams T. How do organisations learn lessons from projects—— And do they? [J]. Transactions in Engineering Management, 2008, 55 (2): 248 – 266.

[279] Wood R. , Bandura A. Impact of conceptions of ability on self-regulatory mechanisms and complex decision making [J]. Journal of Personality and Social Psychology, 1989, 56 (3): 407 – 415.

[280] Xu Q. , Ma Q. Determinants of ERP implementation knowledge transfer [J]. Information & Management, 2008, 45 (8): 528 – 539.

[281] Yan A. , Gray B. Bargaining power, management control, and performance in United States-China joint ventures: a comparative case study [J]. Academy of Management Journal, 1994, 37 (6): 1478 – 1517.

[282] Yin R. K. Case study research: design and methods (3rd Edition) [M]. Thousand Oaks: Sage Publications, 2003.

［283］Yin R. K. Case study research: design and methods (2nd Edition)［M］. Thousand Oaks: Sage Publications, Beverly Hills, 1994.

［284］Yin R. K. Case study research: design and methods (4th Edition)［M］. Thousand Oaks: Sage Publications Inc, 2009.

［285］Zack M. H. Developing a knowledge strategy: epilogue［J］. Califonia Management Review, 1999, 41 (3): 125 – 145.

［286］Zedtwitz M. V. Organizational learning through post-project reviews in R&D［J］. R&D Management, 2002, 32 (3): 255 – 268.

［287］Zhang X., Jiang J. Y. With whom shall I share my knowledge? A recipient perspective of knowledge sharing［J］. Journal of Knowledge Management, 2015, 19 (2): 277 – 295.

［288］Zhang Y., Hiltz S. R. Factors that influence online relationship development in a knowledge sharing community［C］. Proceedings of the Ninth American Conference on Information Systems, 2003: 410 – 417.

［289］Zhao D. L., Zuo M. Y. Cross-project knowledge transfer in an IT service enterprise: connotation, types and features［C］. 2011 2nd International Conference on Management Science and Engineering, August 24 – 25, 2011.

［290］Zhao D. L., Zuo M. Y., Deng X. F. Examining the factors influencing cross-project knowledge transfer: An empirical study of IT services firms in China［J］. International Journal of Project Management, 2015, 33: 325 – 340.

［291］Zimmermann A., Ravishankar M. N. Knowledge transfer in IT offshoring relationships: the roles of social capital, efficacy and outcome expectations［J］. Information Systems Journal, 2014, 24 (2): 167 – 202.

［292］ Zyngier S. , Burstein F. , McKay J. The role of knowledge management governance in the implementation of strategy ［C］. IEEE: Proceedings of the 39th Hawaii International Conference on System Sciences, 2006.